AUGUSTE ROYER

LA

UESTION SOCIALE

A TRAVERS LES AGES

ET LES

PRÉVOYANTS DE L'AVENIR

DEUXIÈME ÉDITION

PARIS

LIBRAIRIE GUILLAUMIN ET Cie

Éditeurs du Journal des Économistes, de la Collection des principaux Économistes.
du Dictionnaire de l'Économie politique,
du Dictionnaire du Commerce et de la Navigation.

RUE RICHELIEU, 14

1891

OUVRAGES DU MÊME AUTEUR

———

MARCIA, drame en vers, en 4 actes. . . . . . 1 volume

———

EN COLLABORATION

———

LE REMORDS D'UNE MÈRE, roman . . . . 1 volume

L'HISTOIRE D'UN RADIS NOIR, roman. . .   —

LA PAQUERETTE, comédie en 1 acte, en vers.   —

ACCUSÉ D'ÊTRE PÈRE, comédie en un acte .   —

———

LA
QUESTION SOCIALE

A TRAVERS LES AGES

ET LES

PRÉVOYANTS DE L'AVENIR

Il a été tiré de cet ouvrage *vingt exemplaires* numérotés,
sur papier de Chine.

A DUGAS

Tableau du Million — 18 août 1889.

MON CHER AMI,

Je vous dédie ce livre, acceptez-le ; il est écrit dans la conviction qu'il peut être utile.

Il est dédié par un dévoué, à un autre dévoué, à la Société des Prévoyants de l'Avenir.

Cet autre, c'est vous, le compagnon de Chatelus, le propagateur de son idée ; par votre chaude parole, vous avez été un entraîneur, et vous avez concouru dans une large part au succès de cette belle association.

Vous méritez l'estime et l'amitié des gens de bien.

Fraternelles salutations.

A. ROYER,
Président de la 17ᵉ Section des Prévoyants
de l'Avenir.

AUGUSTE ROYER

LA
QUESTION SOCIALE

A TRAVERS LES AGES

ET LES

PRÉVOYANTS DE L'AVENIR

DEUXIÈME ÉDITION

PARIS

LIBRAIRIE GUILLAUMIN E

Éditeurs du Journal des Économistes, de la Collection des principaux Économistes,
du Dictionnaire de l'Économie politique,
du Dictionnaire du Commerce et de la Navigation.

RUE RICHELIEU, 14

1891

PRÉFACE

La question sociale est celle qui a le plus préoccupé les peuples des siècles passés, et préoccupera le plus les peuples des siècles futurs.

Dans tous les temps, son caractère s'est fait remarquer manifestement par des soulèvements populaires, par des révolutions, par des guerres.

Dans nos temps modernes, par des grèves, avec accompagnement de ces mêmes soulèvements, de ces mêmes révolutions, de ces mêmes guerres.

L'on s'est toujours contenté de terminer « le différend » par des pactes plus ou moins respectés, ou par des concessions que seule la « force » imposait, avec promesse d'étudier les moyens d'amélioration de la « race humaine », puis, par un oubli « intéressé » des législateurs, tout était à refaire, jusqu'au moment ou une nouvelle décomposition devenait évidente.

Et ce, depuis l'origine de la Société.

Il est assez intéressant de rechercher les diverses formes d'essais qui ont été faites jusqu'à nos jours, hélas! sans succès définitifs, pour créer un rapprochement avec l'essai actuel de notre Société «Les Prévoyants de l'Avenir».

L'auteur ne cache pas que ce travail est particulièrement aride, en raison de l'importance et de la hauteur du sujet.

Ayant vieilli sous le harnais auquel il est encore attelé, son expérience s'est formée; il croit qu'il est de son devoir d'apporter à ses confraternels associés le résultat de ses pensées et de ses observations; en priant ses lecteurs courageux de le suivre jusqu'au mot «fin».

LA

QUESTION SOCIALE

A TRAVERS LES AGES

ET LES

PRÉVOYANTS DE L'AVENIR

LE SOCIALISME DU MONDE ANCIEN

En admettant que le texte de la Bible ne soit pas altéré, il est facile de découvrir le principe social dans les temps antéhistoriques.

Les hommes formaient une agglomération de familles ou de peuplades tirant primitivement leur origine de la même souche, pour se grouper et s'administrer sous l'autorité d'un chef.

Incontestablement, l'instinct naturel y entrait pour une large part, mais les besoins et la raison leur donnaient cet esprit de solidarité qui les réunissait pour se défendre, pour se protéger, pour s'entr'aider, en ayant pour objet le bien général. L'on peut donc assurer sans crainte d'erreur que la question sociale est aussi vieille que le monde.

Tous les documents parvenus jusqu'à nous, sont antérieurs aux plus anciens monuments historiques et démontrent la véracité de cette affirmation.

Moïse, en établissant les tables de la loi pour le peuple juif, faisait acte de grand et profond législateur, en livrant ses lumières et son génie dans l'organisation de la religion.

Il réglementait les doctrines religieuses, en réglant la vie civile de ses contemporains et de ceux qui ont suivi son siècle.

Son œuvre fut immense, puisqu'elle traversa des milliers d'ans, et que de nos jours encore elle fonctionne sans perfectionnement apparent aux juifs convaincus que sa parole était celle de Dieu.

C'est de l'Orient, où la vie monastique était la forme théocratique par excellence du communisme, que Platon, célèbre philosophe grec, trois cents et quelques années avant l'ère chrétienne, prit l'exemple pour former sa République, et démontrer le profit qu'on devait en tirer. Il préconisait le communisme en ces termes :

« *La perfection de l'État, dépend de la per-*

fection des citoyens qui doivent remplir les fonctions sociales.

« La valeur des citoyens, dépend de l'éducation qu'on leur donne.

« Or, l'éducation doit avoir pour fondement la justice.

« La justice se manifeste dans l'ordre.

« C'est-à-dire, dans l'accord et l'harmonie de toutes les parties de l'Etat.

La suppression de la propriété et de la famille, lui semble propre à atteindre le but, sans s'arrêter aux mouvements humains du cœur et du cerveau.

— Remplacer le foyer par l'Etat.

« C'est étendre le foyer sans le détruire.

« L'Etat ne sera plus qu'une seule famille.

Mais, répond Aristote :

— Vous supprimez toute affection et toute famille.

Combien avait raison ce dernier philosophe.

N'est-elle pas douce, cette affection du père et de l'enfant?

Qu'elle impression plus grande la nature peut-elle donner à l'homme?

N'est-ce pas le mobile de la vie humaine?

Platon ne s'occupe pas de ces sentiments, il trouve que c'est peu de chose.

Et il dit :

— Dans un Etat, il est inutile que le père songe au fils, le fils au père, les enfants à leur frère.

Pour lui, le devoir du législateur est de rendre heureux l'Etat tout entier.

Il croit arriver à ce résultat en privant du bonheur des classes tout entières, pour jouir d'on ne sait qu'elle félicité générale qui rejaillira sur eux, comme sur les autres, et dont ils prendront leur part. Aussi, s'attire-t-il à nouveau d'Aristote cette sublime réponse :

— L'Etat, tout entier, ne saurait être heureux, quand la plupart de quelques-uns de ses membres, sinon tous, sont privés de bonheur. »

Le bonheur sans contredit ne peut exister que dans le perfectionnement des lois sociales, où chaque être peut en profiter au même titre, dans la même mesure et à la condition toutefois que tous les citoyens y participent, soit par leur travail, soit par leur mérite pour assurer la prospérité à leur pays.

Pour juger les erreurs de Platon, il est nécessaire d'ajouter combien sa philosophie était bornée à ses vues personnelles.

Il défendit la politique de l'aristocratie et lutta avec persévérance pour la prépondérance do cette politique.

Pourtant, ce n'était pas le gouvernement des riches et des puissants, mais celui des meilleurs, c'est à dire les sages et les philosophes.

Il avait pour la multitude le mépris le plus profond et ne dédaignait pas de l'avouer.

Son penchant ou plutôt son culte était réservé exclusivement pour la caste des intelligents et des lettrés.

En réalité, ce ne sont que de bruyantes démonstrations d'une imagination orgueilleuse, mais à coup sûr peu sympathiques en connaissant le caractère de ce philosophe hautain, qui, dans sa République, assigne à la société trois ordres caractéristiques, tout à fait en dehors des lois humaines.

Il la divise en trois classes :

La première, les magistrats ou sages qui sont bons à gouverner, dénommée : Race d'or.

La seconde, les guerriers ou gardiens de l'Etat, dénommée : Race d'argent.

La troisième, les artisans devant obéir aveuglément, dénommée : Race de fer.

Enfin, les esclaves ne sont pas classés, il en fait mention sous la dénomination de « Bétail humain ».

Le système communisme de Platon ne devait pas plus s'accorder à son siècle qu'il n'aurait pu être en conformité d'esprit et d'humeur avec les siècles qui se sont succédés.

L'histoire ancienne et l'histoire moderne justifient que l'idéal de sa République était de nulle valeur.

La pratique était impossible.

La théorie était celle d'un rêveur ou l'indifférence y jouait le plus vaste rôle.

Ce qui fait nos espérances et nos joies, c'est la famille.

Si notre but est d'arriver à la fortuue ou la grossir encore si nous la possédons, ce n'est pas par un vulgaire égoïsme, c'est pour léguer à nos proches, desquels nous partageons nos tendresses et nos soins, le bien que nous pouvons laisser à notre mort, puisque de notre vivant nos rêves d'espérance, pour eux, ne se sont jamais éteints.

Nous produisons pour acquérir.

Quand nous avons acquis, nous travaillons pour conserver, à moins d'être éternellement accablés par la malechance, c'est ainsi que se poursuivent les choses.

C'est conforme à l'ordre de la nature, cette douce protection accordée aux siens; c'est une action de notre organisme qui nous engage à être le protecteur de nos enfants. Nous éprouvons le besoin d'aimer, c'est cette suave impression de l'âme qui caractérise la paternité.

Il suffit d'avoir eu un enfant pour l'éprouver, et l'on peut en appeler au cœur de toutes les mères.

Nul n'y échappe à moins que les fonctions cérébrales soient déséquilibrées.

Le foyer, n'est-ce pas l'adorable sanctuaire de l'amour conjugal et de l'amour paternel?

L'anéantir, c'est presque éteindre le sentiment des hommes pour la patrie.

Nos peines de l'extérieur deviennent moindres au foyer domestique.

C'est là où nous reposons nos membres fatigués après le pénible labeur.

C'est là, aussi, où nous recevons les douces caresses des nôtres.

Le plus souvent, le baiser qu'on nous donne fait oublier les ennuis et les tracas du dehors.

A dire vrai, Platon faisait à la femme un sort meilleur que lui avait réservé l'antiquité.

Il voulait l'associer aux travaux de l'homme, dont elle était un bien, une chose, une esclave.

Celle dont on citait le bonheur ou qui semblait plus heureuse, n'était pas moins sous la tutelle de l'asservissement; seule, la courtisane avait le privilége de l'éducation littéraire.

Autour d'elle, se groupaient les illustrations plus ou moins brillantes.

Malheureusement les siècles se suivirent et reculèrent cette émancipation, qui eut lieu seulement à l'avénement de l'Evangile.

LE SOCIALISME ET LE CHRIST

Trois cents ans après, le Christ vint avec cette grande idée de l'unité de Dieu, ébranler dans les fondements les fausses idées des religions païennes, et troubler en même temps la pratique du judaïsme dans son culte de famille et de tribu.

Sans entrer dans le domaine de sa mission divine, pour nous occuper seulement de l'homme, nous reconnaîtrons que l'auteur du christianisme faisait acte de profond socialiste, puisqu'il apportait par ses vérités un système qui a failli révolutionner de fond en comble les bases sociales du monde ancien, en agitant révolutionnairement son époque.

Doué d'une puissance de réalisme fortement communicative dans ses discours et dans ses actes, il renversa bien des idoles.

Ses enseignements justifient pleinement son socialisme, quand il ne serait que dans les paroles qu'il adresse à la ville sainte :

Jérusalem, combien de fois ai-je voulu rassembler tes enfants, comme une poule rassemble ses poussins sous ses ailes, et tu ne l'as pas voulu.

N'est-ce pas vraiment une doctrine socialiste.

Incontestablement, son évolution était particulièrement religieuse.

Mais sa révolution était manifestement morale et sociale. En s'appuyant sur la vérité, il poursuivait le triomphe de la justice, non par ambition, mais par le plus pur patriotisme. Ses actes le prouvent plus clairement que ses paroles.

Il voulait l'amélioration sociale en prenant pour base la charité : *Aidez-vous les uns les autres.*

Malheureusement, le peuple ne répondit pas à ce qu'il attendait de lui, et le mouvement qu'il avait accentué se refroidit à cause de l'indifférence des uns et de l'égoïsme des autres.

Quels que soient les évènements qui ont marqué la vie de Jésus, il est impossible de méconnaître les immenses services qu'il a rendus à la cause des humbles et des souffrants.

ORIGINE DE LA FRANCE

Pour caractériser notre étude, il est utile de préciser les faits qui ont concouru à former la nation française; la dépendance absolue de son histoire est le lien pour arriver à l'examen de la science économique moderne. C'est par grandes lignes que nous indiquerons les transformations auxquelles elle a été soumise, afin de ne pas fatiguer le lecteur par des répétitions historiques qui sont développées avec tous les détails par des historiens plus autorisés.

Mais il est utile pourtant, pour étudier à fond la question qui nous intéresse, de connaître les causes pour lesquelles, pendant tant de siècles, le peuple est resté dans la misère et dans l'asservissement.

Aux temps préhistoriques, la Gaule ancienne était habitée par des races inconnues dont l'histoire n'est pas parvenue jusqu'à nous.

Cependant, il a été découvert dans des fouilles, les débris et les empreintes d'animaux monstrueux en taille et en grosseur.

Des cavernes servant d'habitation à ces races conservaient ces mêmes débris, attribués au temps du renne et du mammouth.

Ce qu'on sait, c'est qu'à l'époque où elle eut son origine historique, trois grandes familles occupaient le sol.

Les Ibères, maîtres de la partie méridionale, au sud de la Garonne et au sud de la Durance.

Les Çeltes, entre la Garonne, la Seine et le cours supérieur du Rhin.

Enfin les Belges, entre la Seine, le Rhin inférieur et la mer.

Dans la première période, on appelait «la Gaule» le territoire qui s'appelle aujourd'hui « la France » et se composait des établissements des colonies grecques, bouleversés depuis par l'invasion des Francs, des Burgondes et des Visigoths.

La deuxième période, la période barbare du VI⁰ siècle jusqu'au X⁰, les races se trouvèrent mélangées et s'isolèrent du pays d'où elles étaient sorties. Ce fut sous Charlemagne que réellement la race française s'épurait.

L'homogénéité était certainement incomplète, mais la race différait des races italiennes et germaniques. Ainsi constituée au début de la troisième période, elle s'organisa par l'époque féodale proprement dite, malgré le morcellement du pays par les seigneurs ecclésiastiques et laïques, qui, d'un commun accord, annulèrent la royauté.

Au XIIe siècle, la royauté triompha de la féodalité seigneuriale en organisant le royaume par la force, par les guerres intestines et continuelles. En en prenant possession d'une façon violente et brutale. Ce fut seulement après Louis XI, que le sentiment national naquit en affirmant son existence, dans les guerres politiques ou internationales.

Puis, six cents ans après, à la fin du XVIIIe siècle, le progrès ne pouvant pas s'accomplir avec la royauté, se fit contre elle, et la révolution éclata en renversant les abus barbares des siècles passés.

ÉTAT SOCIAL A LA PREMIÈRE PÉRIODE

Nous allons examiner par période l'état social de la France, nous réservant de faire une étude plus approfondie de la Révolution et du XIX° siècle.

La situation remarquable et la disposition privilégiée du sol gaulois, faisaient prévoir à un contemporain d'Auguste, l'illustre géographe Strabon, les destinées de ce pays.

Il disait :

— Il semble qu'une providence tutélaire éleva ces chaînes de montagnes, rapprocha ces mers, traça et dirigea le cours de tant de fleuves pour faire un jour de la Gaule le lieu le plus florissant de la terre.

Certainement, il ne fixait aucune date à la réalisation de sa prophétie, elle lui était suggérée par ses observations topographiques de lieu, et par les dispositions que la nature s'était plu à réunir sur ce territoire si bien disposé pour recevoir les faveurs qui lui étaient réservées.

La Gaule était habitée par de nombreuses peuplades, et chacune nommait roi, le guerrier remarqué par sa force, sa bravoure et son courage, dans les guerres qu'elles se faisaient entre elles.

Mais ce roi, ou ces rois étaient dominés et soumis par les Druides, prêtres gaulois et bretons, exerçant leur sacerdoce au plus profond des forêts. Ils formaient le corps sacerdotal chez les Celtes et notamment chez les Gaulois.

Ils adoraient non-seulement les éléments, mais encore les montagnes ainsi que tous les agents de la nature. C'était le naturalisme primitif.

Ils enseignaient l'immortalité de l'âme; l'idée morale des peines et des récompenses se rattachait à ce dernier dogme.

Ils pratiquaient la magie pour l'adapter à la médecine. Leur cérémonial était aussi bizarre qu'absurde, aussi ne nous y arrêtons-nous pas, afin de ne pas nous éloigner de notre cadre.

En réalité, les Druides seuls craints et respectés, dominant la crédulité humaine, savaient se rendre heureux.

DEUXIÈME PÉRIODE

Ce fut vers le VI⁰ siècle que les rois, s'appuyant sur les nobles et les guerriers, secouèrent le joug des Druides au moment où les Romains commencèrent la conquête de la Gaule, cette diversion permit aux légions romaines de la dominer et de l'asservir, eu égard à ces révolutions intérieures qui se succédaient et amoindrissaient toutes les forces que les Gaulois auraient dû réunir pour combattre avec efficacité. Ce ne fut pas sans éclat, sans de brillants efforts que la Gaule fut vaincue, car il ne fallut pas moins de huit années de combat et le génie de Jules César pour se délivrer à jamais de la terreur que leur inspirait le nom de Gaulois.

Clovis, après sa conquête franque, avait donné la Gaule aux Francs du Rhin et des Pyrénées, mais il n'avait pu établir l'unité morale, quand pourtant il existait une sorte d'unité matérielle.

Cependant, réunies sous la main de Clovis, les différentes tribus ne s'étaient pas fondues les unes dans les autres.

C'était comme la représentation de la barbarie germanique et la représentation des débris de la civilisation romaine qui, peu à peu devaient se mélanger, tout en conservant le caractère gaulois avec les coutumes que les Francs avaient importées de Germanie. Une des particularités les plus frappantes de la conquête fut la disparition de l'égalité primitive qui existait entre les Francs, contraste de la barbarie avec un semblant de civilisation, car, en Germanie, ils étaient tous égaux.

Mais l'œuvre de Clovis était faite.

Ce ne fut qu'après le partage de la Gaule par les fils de Clovis, que l'unité morale s'opérait lentement entre les royaumes francs.

Ce qui est manifeste, c'était la puissance du clergé qui chaque jour grandissait.

La religion du Christ se dénaturait de plus en plus en se faisant l'alliée du despotisme. Les principes de Jésus se transformaient en sens contraire, ces indignes représentants devenaient eux-mêmes les marchands du Temple, en s'inspirant d'un

Christianisme nouveau pour exploiter la crédulité humaine.

Cette religion de justice et d'humilité d'origine, leur servait seulement pour les besoins de leur cause; c'est-à-dire, l'accumulation des richesses, l'obscurantisme pour les humbles, prêchant la révolte pour la défense de leurs intérêts.

Les richesses passaient dans les mains des évêques non-seulement par les legs, mais plus encore par les bénéfices de l'administration municipale.

Les abbayes et les couvents possédaient des domaines immenses et se développaient sans cesse.

Du sixième au septième siècle, la décadence de la puissante famille des Mérovingiens s'accentuait de plus en plus, et principalement parce qu'elle n'avait pas su conserver l'alliance avec le clergé dont la puissance devenait formidable.

L'aristocratie se ménageant une autorité en dehors de cette famille fut également une cause de ruine pour cette race usée par les plaisirs et dont les membres mouraient presque tous à l'âge où les autres hommes commençaient à être solides.

Ainsi la royauté, qui avec Dagobert avait dominé l'aristocratie en brillant d'un dernier éclat, pour ainsi dire, déclinait presque sans transition. Les maires du palais, qui avaient le rang de chefs, au titre de représentants des nobles du roi, s'emparèrent de cette autorité qu'ils ont conservée pendant longtemps.

Le peuple, habitué à se laisser gouverner, après bien des péripéties, laissait supprimer tout à fait la royauté et admettait le principe aristocratique. Les siècles qui ont précédé le règne de Charlemagne et ceux qui l'ont suivi ont été les plus douloureux qu'ait traversés la Gaule. Le règne de ce monarque fut comme une trêve entre ces deux époques; mais il ne put assurer d'une manière certaine et définitive l'unité chrétienne à son vaste empire. Cent ans après, environ, la dynastie Carlovingienne disparaissait.

Cette époque eut une importance des plus grandes; quoique mutilée, la Gaule en 843 était dégagée de ses liens avec la Germanie.

La fusion s'opérait entre les races depuis longtemps en guerre comme s'était opérée la fusion de la langue latine et de la langue tudesque; c'est à partir de ce moment que la France prenait place pour toujours dans l'histoire.

Ce n'est pas que la nation française se soit constituée d'une façon définitive, le démembrement existait encore, il y eut des révolutions, des guerres, des invasions, les mêmes indifférences aux souffrances du peuple, qui lui-même se défendait comme il pouvait, mais les invasions changèrent de caractère, et prenaient plus fermement celui des guerres régulières.

D'ordinaire nomades, les Francs devinrent sédentaires en raison de leurs acquisitions des propriétés territoriales.

TROISIÈME PÉRIODE

La féodalité du Xe au XIVe siècle s'étala dans toute sa force.

C'est à dire, que la population était attachée au sol par le servage ; sans industrie, à peine que celle des outils nécessaires à la culture. Les paysans n'avaient pour tout horizon que les murailles du manoir seigneurial, les communications étant rendues impossibles par la destruction des voies que les Romains avaient établies.

A quelques lieues, seulement, on était étrangers, de sorte qu'entre les diverses parties de la nation, il y eut de profondes divisions, de fief à fief, la discorde se manifestait et on en venait vite aux mains, suivant l'humeur inégale des seigneurs.

Il y avait bien quelques foires périodiques, celles du Lendit à Saint-Denis, de Beaucaire, dans le Languedoc, qui pouvaient établir quelques relations, mais non générales, en raison précisément des difficultés des transports.

L'église devenue puissance séculière eut aussi ses vassaux et la dîme établie par Charlemagne fut rendue obligatoire sans compter d'autres revenus importants.

L'hérédité perpétuelle des fiefs était acquise aux grands de l'époque qui la transmettaient à leurs fils, les ducs et les comtes.

La féodalité avait une autorité telle, que celle du roi fut ébranlée.

La dignité royale n'était plus qu'un titre sans être une fonction.

Sans pouvoir central, la France présentait une physionomie particulière en ce qu'elle était divisée en autant d'États qu'il y avait de cantons et de châteaux.

Les seigneurs, maîtres sur leurs territoires, étaient devenus la terreur des marchands, des laboureurs, des artisans et des serfs.

Ils dévalisaient sur les routes ainsi que le font de vulgaires voleurs, pendant que par leur pillage ils ruinaient l'agriculture.

Aussi d'affreuses famines achevaient l'œuvre de destruction dans ces contrées, où la rapine était la seule occupation de ces monstrueux bandits.

Combien de misères survenues par ces violences?

Quelle moralité peut-on tirer de ces cruels moments?

Et les siècles passaient sans apporter de soulagements aux maux publics.

Louis IX fut le dernier représentant de cette
époque d'ignominies, car en mourant il sembla
emporter dans la tombe le règne de la féodalité.
Avec lui disparut le Moyen-Age.

Il s'introduisit de nouvelles maximes dans le
gouvernement et dans la société. Ce fut une transition entre le monde féodal et le monde moderne.

Les débuts de cette ère nouvelle ne furent pas
heureux, mais, lentement, l'autorité royale se
transforma de monarchie féodale en monarchie
despotique. Des ordonnances assujettirent les
droits déjà injustes des seigneurs aux droits aussi
injustes des rois par la création de fonctionnaires
royaux dans toutes les provinces envahies.

Des baillis, des sénéchaux, des prévôts, des
abellions, des procureurs, des trésoriers et la vo-
onté royale put se faire obéir.

Toutes ces charges étaient une dépense extra-
rdinaire; aussi Philippe IV dit le Bel pour assurer
e fonctionnement de son administration, créa un
mpôt sur les biens des laïques et des ecclésias-

tiques ; et, malgré toutes les difficultés que souleva le pape Boniface VIII pour combattre cet impôt au clergé, les Etats-Généraux qui s'assemblaient pour la première fois, appuyèrent en faveur du roi contre le pape.

Il faut reconnaître à ce prince qu'il fut le promoteur de la destruction de la puissance féodale et de la puissance ecclésiastique, il marqua le début de la société civile qui naissait, en préparant à l'unité tous les siècles futurs.

Ce fut pour mieux dire un ordre plus juste des choses, les idées d'administration et de justice se firent jour, malgré l'incohérence et l'anarchie qui, jusque là, avaient pris le plus de place.

Cependant le peuple était tenu et subissait l'influence des préjugés, par conséquent il se trouvait dans un réel état d'infériorité qui éloignait la centralisation des intérêts et des mœurs. Comment pouvait-il en être autrement, puisque les lois n'étaient que des usages vulgaires en désaccord avec la raison ?

De 1328 à 1380, malgré les malheurs de cette période, malgré la guerre de Cent ans, contre les Anglais, une amélioration morale et matérielle s'imposait.

Toutes les hautes institutions se régularisèrent. Les Etats-Généraux, le parlement s'affirmèrent et s'imposèrent avec plus de poids et avec moins d'indécision.

Mais, par suite de la situation anormale, en contradiction avec les grands principes naturels de l'humanité, que les nobles faisaient aux paysans, ceux-ci se soulevèrent plus de cent mille contre eux.

Ce fut en 1358, jour de la Fête-Dieu, que naquit la Jacquerie; éclosion subite d'un peuple irrité par les mauvais traitements, et dont l'exaspération était arrivée au niveau des calamités qui fondaient sur lui.

L'énervement populaire, aux désastres causés par un gouvernement cruel et incapable tout en même temps.

La mesure comblée jusqu'au bord par les excès des seigneurs, attiraient les excès des Jacques.

Après les exactions faites pour le paiement de la rançon des seigneurs, prisonniers à la bataille de Poitiers; les paysans subissaient d'autres exactions, en même temps que d'autres violences.

La prison, le fouet, les tortures, dit la chronique de l'époque, arrachèrent à leurs victimes, un dernier morceau de pain noir.

Au paysan ruiné, on chauffait les pieds pour obtenir l'indication d'une cachette souvent imaginaire.

2.

Les gens de guerre, Français ou Anglais, brûlaient sa cabane et lui passaient sur le corps.

Les paysans des bords de la Loire, ajoute la chronique, passaient la nuit dans les îles ou dans des bateaux arrêtés au milieu du fleuve.

En Picardie, les populations creusaient la terre et s'y réfugiaient.

Quand elles mouraient de faim, les seigneurs, sans pitié, les laissaient mourir « en se gaussant » de Jacques Bonhomme.

Le cœur se serre à écrire des ignominies semblables, mais l'histoire est là, comme une sentinelle avancée, qui crie :

— Ce sont des leçons, profitez-en ; éclairez-vous quand même, et toujours.

Lors, les paysans se ruèrent sur les châteaux, les dévastant, les brûlant, massacrant les nobles, commettant des crimes épouvantables, qui n'égalaient pas encore ceux que les seigneurs leur faisaient supporter depuis de longs siècles, conséquences des atrocités d'une époque où l'humanité n'était qu'un vain mot.

La Jacquerie n'en eut pas moins le résultat de démontrer que le peuple savait se battre à l'égale de la noblesse, ce qui lui donna pour l'avenir conscience de sa force. Les seigneurs purent, alors, constater avec stupeur, que le mépris qu'ils accordaient à Jacques Bonhomme, était payé par la mort de beaucoup d'entre eux; et, qu'en outre, il était animé d'un esprit de patriotisme, quand il était dirigé à la défense du sol.

Les compagnies franches, emmenées en Castille et contre les Anglais par Duguesclin, ont prouvé qu'elles étaient susceptibles d'être disciplinées aux combats et de combattre avec succès.

C'est également à cette époque qu'Etienne Marcel à la tête du Tiers-État, fit une tentative de réformes politiques. Malgré toutes les résistances qui lui furent opposées, il obtint que les Etats-Généraux auraient le droit de voter les impôts et le devoir d'en régler les dépenses. Véritable révolution à ce moment de barbarie et de despotisme où les grands avaient le plus d'autorité. L'absolutisme royal combattu et remplacé par le parlementarisme.

Etienne Marcel malheureusement ne sut pas conserver le sang-froid qui aurait été nécessaire en de pareils instants, il usa de violence, ce qui fut une cause de l'abandon des députés de la province.

Les idées du prévôt des marchands étaient beaucoup trop larges pour son temps.

Alors eut lieu en France une confusion étrange. Le dauphin, les nobles, les bourgeois, les Jacques se battaient les uns contre les autres ; la guerre civile horrible et sacrilège pendant que la guerre se continuait d'un autre côté avec l'Angleterre.

La réaction des seigneurs vint mettre un terme à leurs dangers communs. Ils s'unirent, et vinrent à bout des paysans malgré les secours envoyés par Etienne Marcel, qui ne purent forcer les murailles de la ville de Meaux où s'étaient réfugiés les nobles des environs. Pendant ce temps, le prévôt était assassiné par Maillard, échevin de la ville.

Cet homme, qui devança son époque de quatre siècles au moins, songeait à la représentation nationale en France.

Il fut accusé de trahison, parce qu'il était incompris, il anticipait sur la politique de 1889, en voulant l'unité sociale et l'uniformité administrative.

Si la mort n'était pas venue l'enlever aussi dramatiquement ; par son énergie, il aurait donné un essor de liberté aux institutions qui, certainement, aurait fait contrepoids à l'autorité royale.

Ses convictions le rendirent victime de son esprit qui était plein de l'idée de la démocratie.

A leur rentrée, les nobles firent de nombreux massacres et se vengèrent de la peur que leur avaient imposée les bourgeois et les Jacques.

La France fut à nouveau livrée à l'anarchie, les maux publics s'aggravèrent dans des conditions pénibles, la folie de Charles VI laissait la France sans direction; et les succés que remportaient les troupes anglaises amenaient la démoralisation.

Des insurrections se manifestèrent à Paris et en Flandre; des révoltes eurent lieu dans beaucoup de villes de France, notamment à Châlons-sur-Marne, Reims, Troyes, Orléans, Sens.

Dans le Languedoc, des atrocités furent commises où les Tuchins massacrèrent « ceux qui n'avaient pas les mains calleuses ».

Le manque d'unité des séditieux les fit succomber par la réunion des nobles dont l'esprit de vengeance les groupa avec cohésion pour combattre ces masses qui menaçaient leur vie. La déroute des révoltés fut complète; et, si la France enfin s'allégea des appréhensions du dedans, elle n'en fut pas moins ruinée. Il se dégagea, de tous ses tristes événements, un sentiment de patriotisme dans la personne de Jeanne Darc, dont l'héroïsme a traversé les siècles jusqu'à nos jours; nous ne rappellerons pas son œuvre, des historiens autorisés ainsi que des auteurs bien connus se sont chargés de ce soin, nous n'en ferons mention ici que par notre appréciation qui n'est pas en l'honneur de ceux qui l'ont livrée et abandonnée au bûcher des Anglais, car il est à croire que de nos jours, si une femme patriote remouvelait les exploits de Jeanne au su de tout un peuple, elle serait défendue au risque de laisser plus de dix mille morts sur le sol.

Ce ne furent ni ces guerres, ni ces divisions, qui assurèrent, après la guerre de Cent ans, un progrès social.

La France, quoique devenue libre d'elle-même, n'en éprouvait pas moins les horreurs de la ruine, causée par l'invasion et le passage des troupes anglaises et françaises qui pillaient, saccageaient et brulaient par le droit de la guerre.

Les institutions, presque réduites à néant, souffraient de ce chaos.

Il fallut rétablir l'ordre public.

La royauté se consacrant à cette tâche, reconquit les sympathies du peuple.

La réaction s'opéra quelque temps après l'avènement de Louis XI au trône; malgré sa politique tortueuse, il comprenait qu'il était le roi d'une nation, c'était un novateur; sous ses ruses, sous son adresse, il en ressortait qu'il était doué d'une impitoyable volonté et, quels que soient les moyens, il devait les employer pour toucher le but qu'il se proposait.

Il punit cruellement tous soulèvements, la décapitation, la pendaison, l'essoreillement, étaient des pénalités qu'il étendit sur bien des malheureux.

Les charges que possédaient des personnages considérables étaient donnés à des hommes de naissance vulgaire, il attaqua la féodalité, malgré les haines, il fut infâme dans toutes ses promesses et, malgré tout le mépris qu'il inspire, il n'en fut pas moins l'innovateur de l'institution de la royauté moderne.

Ce roi, dont l'histoire rapporte les cruautés, aurait dû dire plutôt qu'il fut « un impitoyable dans sa politique. »

Il eut l'intuition de l'avenir et, malgré toutes ses perfidies, il resta bon Français.

Ce fut un tyran, et pourtant le Tiers-Etat le seconda, la bourgeoisie oubliant la conduite qu'elle avait tenue à l'époque d'Etienne Marcel, abandonna les droits qu'elle avait acquise pour se ranger du côté de la politique royale.

Louis XI contraignit les seigneurs à leur déchéance. Son règne ne fut qu'une lutte entre la féodalité qu'il vainquit et la royauté dont il était le représentant autoritaire.

C'était la préparation de l'unité nationale qui se fit jour sous François Ier, avec tous ses défauts et toutes ses qualités. Aussi la France se reprit peu à peu, quoique les intrigues des règnes qui suivirent ce siècle se portèrent à en arrêter l'essor.

Les guerres de religions, de partis, les insurrections, les violences dont le peuple se trouvait être la victime, marquaient autant d'étapes qui le conduirait un jour à son affranchissement. Henri IV par son caractère particulier fut le roi populaire par excellence.

Malheureusement, la France était en proie à des déchirements intérieurs et extérieurs, provoqués par les partis, par les haines religieuses, qui l'emportèrent sur le sentiment national ; et, le mieux qui aurait pu se faire sentir notablement, devint nul en raison de ces tristes événements, en conduisant le roi galant sous le couteau de Ravaillac.

Le pouvoir de Marie de Médicis, imposé par ses partisans, amena de nouvelles discordes, et les hautes idées de réforme proposées par des orateurs du Tiers-Etat, tels que Robert Miron, prévôt des marchands, et Savoron n'eurent aucun résultat. Leurs discours et leurs idées étaient une véritable aspiration vers les principes de 1789.

C'est alors que surgit Richelieu qui apporta le concours de son génie au profit de la monarchie absolue ; il l'organisa définitivement. C'est par sa fermeté qu'il établit la France au premier rang des nations.

Par sa sagesse, il régularisa la police, la justice, les finances, l'agriculture, le commerce, l'industrie. Les sciences et les arts étaient cultivés par une pléïade d'hommes dont les noms passèrent à la postérité.

Mais le peuple, comme toujours, était la vache à lait des grands et des nobles.

Nous jugeons ici l'homme politique; l'homme privé subissait l'influence du milieu dans lequel il vivait.

Mazarin vint après lui, avec sa finesse et son esprit d'intrigues, poursuivant le même but, mais par des voies différentes; il s'occupa davantage des affaires extérieures et négligea la politique intérieure, ce qui faillit détruire l'œuvre de son prédécesseur; mais inventif comme il l'était, il ne se laissa pas abattre et mourut dans le commandement souverain.

Préparée par la politique de Richelieu et de Mazarin, la monarchie absolue dont Louis XIV fut le réel représentant, bouleversa toutes les institutions; les quelques libertés conservées encore par le Tiers-Etat ne furent plus maintenues.

Le triomphe de la royauté monarchique fut éclatant. Secondé par des ministres administrateurs, le règne de Louis XIV est marqué par les prospérités.

Ce roi orgueilleux et hautain disait : « L'État c'est moi ». Il voulait que la monarchie fut lui et lui seul. Ses courtisans obtenaient toutes les dignités, quand ils flattaient son orgueil en lui persuadant qu'il dirigeait tout.

Mais si la cour était brillante, le peuple vivait dans de cruelles souffrances, des populations affamées mouraient de misère et de privations. Chose horrible, le long des chemins, on découvrait des cadavres la bouche encore pleine d'herbe.

Bois-Guillebert, Vauban et Saint-Simon disent également que cet état de choses ne s'était pas amélioré à la fin du règne, et qu'au contraire il avait pris de plus grandes proportions.

Que dire du règne de Louis XV et de celui de la Régence, qui l'a précédé ?

Règnes de despotisme et de misère publique où les plaisirs des grands étaient les malheurs des petits.

Epoque néfaste de débauches, de vices, de corruptions, de voluptés, qui faisait perdre le sens moral à ces monstrueuses personnalités qui dirigeaient, en s'intitulant de droit divin, une nation qui ne demandait qu'à devenir forte et puissante.

Aussi vit-on la France abaissée et ruinée au

dedans, déconsidérée au dehors à la fin du règne de Louis XV, laissant à son successeur une situation tellement critique, que celui-ci devait la payer de sa tête.

Il n'y avait aucune liberté; l'agriculture gênée, par suite des entraves de la roture, et grevée par les droits féodaux, qui obligeaient le cultivateur à livrer une partie de ses récoltes au seigneur, et attendre que cette part fut faite pour enlever le reste.

Amman et Coutant disent dans leur histoire *La France avant la Révolution :* « Les banalités forçant les vassaux à venir au moulin, au four, au pressoir seigneurial, puis d'autres vexations qui empêchaient de vendre leurs récoltes avant celles du seigneur. Les droits de péage et de chasse qui autorisaient les nobles à fouler le sol par leurs gens, leurs chevaux et leurs chiens. Le droit de colombier, qui permettait aux seigneurs de faire manger par leurs pigeons le grain du laboureur ; de pâturage, avant la première coupe ; de pulvérage, pris sur le troupeau qui paissait dans le fief, à cause de la poussière qu'il élevait ; enfin la corvée, le paysan devait à l'État une certaine quantité de journées de travail pour la construction et l'entretien des routes ; la dîme, portion des fruits de la terre payée au clergé ».

L'agriculture, écrasée de charges, produisait donc fort peu.

Les nombreuses entraves mises à la liberté du travail, les impôts établis sur le travailleur, la taille, la capitation, les vingtièmes; les autres, comprenant les aides, la gabelle; puis, pour achever la ruine des roturiers, les impôts perçus par les fermiers généraux, qui prenaient à bail le recouvrement des taxes, et rançonnaient le contribuable afin de tirer de lui plus qu'ils ne donnaient au gouvernement.

Comment s'étonner que la misère ait été aussi effroyable à certaines époques du XVIIIe siècle; il est vrai que la force du despotisme n'est que dans la misère des peuples; et, c'est l'histoire de tous, quand tout s'appuie sur un seul homme.

Comme tous les systèmes passés, la grandeur monarchique n'avait amené aucun progrès social, et lentement s'acheminait à la plus déplorable des décadences.

Que pouvait-il arriver autre, qu'un événement terrible pour jeter à terre cet édifice qui n'avait plus de base, et auquel il était impossible d'apporter de nouveaux matériaux suffisamment solides pour le soutenir, car les débuts du règne de Louis XVI ne furent qu'un replâtrage qui s'est égrené, parce qu'il était sans consistance; et, plus sérieusement, parce que le dessous était dans un état de vétusté, qui, en tombant, entraînait dans sa chûte tous les derniers restes de la monarchie en même temps que le dernier roi. Les historiens prétendent que sa faiblesse lui attira le mépris des grands et l'exposait au mépris du peuple; sans discuter leurs opinions, il serait plus véritable de dire qu'il était victime des circonstances. Louis XVI fut, malheureusement pour lui, le successeur des siècles d'oppression et de misère; il endossa toute la responsabilité, car il ne fut pas plus mauvais que ses prédécesseurs. S'il fut né dans une autre époque, il l'eut certainement traversée sans trouble.

Il y eut sous son règne des tentatives de réformes par Turgot; mal servi par les parlements rétablis par lui, il ne sut pas lutter contré eux quand ils se déclarèrent en faveur des anciens privilèges, et à tort ou à raison, on lui attribue d'avoir été étranger aux idées nobles et généreuses.

D'un caractère incertain et d'un esprit médiocre, il maintînt toutes les iniquités de l'ancien régime.

Il ne sut pas voir le flot populaire s'agiter et le menacer, quand il était encore temps pour lui d'améliorer le sort de son peuple, en cautérisant ses profondes plaies et en calmant ses vieilles souffrances; le tourbillon l'emporta en le roulant dans son cours.

Une société nouvelle se formait, terrible et vengeresse, activant les événements au profit de la Révolution, et les péripéties vinrent hâter la fin de ce roi qui n'était pas fait pour régner sur la France.

RÉSUMÉ DE L'HISTOIRE AVANT LA RÉVOLUTION

L'on a pu s'assurer que les siècles, en Gaule d'abord, en France ensuite, n'ont été qu'une longue et funeste oppression de la liberté pour les peuples. Les questions sociales les laissaient indifférents, parce que le problème n'avait jamais été posé, et qu'il n'aurait pu trouver, ni un contradicteur, ni un vengeur ; aussi, les inégalités et les iniquités suivaient leur cours, sans esprit de révolte, gouvernementées par l'injustice des grands.

Le Moyen Age et l'ancien régime n'apportaient de bénéfices qu'aux privilégiés de la noblesse et qu'aux prélats du haut clergé.

C'est là, l'absurde du passé. Pourriture sociale dans laquelle les générations se sont suivies, en vivant comme dans un cauchemar, à savoir, si elles étaient ou n'étaient pas, en raison de cet engourdissement de l'esprit par l'oppression des consciences.

L'histoire n'a jamais parlé du peuple, car le peuple n'existait pas; le peuple, c'était le paysan, le vilain, le serf, qui subissait tout; elle ne s'est occupée que des seigneurs, pour mettre leurs actions, leurs exploits en relief : mais elle s'est tue sur les tristesses, sur l'existence navrante de cette majorité des hommes, malmenée par les ducs, les comtes, les barons et les rois, où chacun sur son sol avait droit de vie et de mort sur ses administrés.

En religion, les doctrines n'étaient ni à défendre ni à soutenir, à cause de l'expresse défense d'avoir à s'en occuper, ce qui rendait le peuple paisible. L'histoire reproduisait cette paix figurée comme étant celle d'un règne honoré et respecté par la sagesse du monarque; aussi, le mensonge remplaçait la vérité sous l'abri de l'indifférence.

La politique était aussi paisible, parce qu'elle ne pouvait être discutée. Hors de l'atteinte des moindres réflexions, le despotisme prenait le droit de tout faire, de tout établir et de tout exercer sans la crainte qu'un ébranlement vienne jeter à terre cet édifice construit par l'égoïsme et l'immoralité des monarchies.

Bouches et oreilles closes, formaient le principe de la politique des grands; cette léthargie était l'impunité assurée, mais c'était la paix de l'ancien régime ; paix monstrueuse, où les ombres s'agitaient, semblables à des cadavres sortant de leur cercueil, et qui comptaient comme membres dans la population, mais qui n'étaient moins que rien et menaient une existence à l'égale de celle des bêtes, au point de vue de l'humanité.

Sans justice, au Moyen Age, la vie des hommes était livrée au bon plaisir et aux droits des seigneurs, qui s'évertuaient à découvrir de nouveaux supplices, et les pratiquaient sur ces malheureux.

Oubliettes dans les châteaux, *in-pace* dans les couvents, satisfaisaient la vengeance de ces atroces persécuteurs, exécutant dans le mystère les drames les plus sombres, sans que les échos aient reproduit le cri des victimes de ces scélératesses. Et l'ancien régime, s'emparant de tous les instruments de tortures et de pénalités, faisait fonctionner le système de la féodale anarchie, en raffinant davantage et avec plus de cruauté les tourments qu'elle avait spécialisés dans ses infâmes juridictions.

Les prisons de l'Etat n'étaient que d'infects cachots, réceptacles d'immondices, amenaient le désespoir à l'âme et putréfiaient le corps, avant que la mort soit venue délivrer le condamné de cette abjecte sentence. Les hôpitaux semblaient être édifiés pour aider la mort à s'emparer des malades à qui l'hospitalité était accordée; on vit, jusqu'à trois malheureux dans le même lit, ayant différents maux. Les galères montraient les misérables, attachés par des chaînes, ramant sous l'effort de la tempête, mouillés par les pluies, brûlés par le soleil, éreintés des coups donnés par le garde chiourme, dont les lanières du fouet laissaient des sillons sur la chair labourée.

Ivre de colère et de vin, ce bourreau battait sans pitié; grisé de sang, frappant à tort et à travers, sans respect pour l'âge de la victime. Hideux cloaque de la brutalité, hanté par toutes les contagions.

Des armées en route pillaient pour se nourrir, incendiaient pour se chauffer, en quelque lieu qu'elles soient : pays ami ou pays ennemi.

Les ravageurs parcourant le pays saccageaient tout, ne laissant après eux que la ruine et le désespoir; on ne mangeait plus, on mourait. Qu'elle agonie que celle que font les vampires suçant la nation jusqu'au dernier sang!

RÉFLEXIONS SUR LA RÉVOLUTION

C'est alors que la Révolution, comme un coup de tonnerre, fit tressaillir l'ancien monde sur sa base ; et, semblable au grondement d'un tremblement de terre, engloutit la royauté, en jonchant le sol de ses ruines ; dont encore, cent ans plùs tard, on en fait le déblaiement, pour frayer une voie définitive pour la liberté.

L'histoire de la Révolution est trop récente, pour rappeler tous les faits mémorables de cette grande et sinistre époque.

Elle était esquissée en substance, bien avant son avénement, dans les œuvres de Montesquieu, de Voltaire, de Rousseau et de tous les penseurs de cette immortelle génération.

Aujourd'hui, nos lecteurs la connaissent aussi bien que nous ; des historiens autorisés l'ont dépeinte dans ses détails circonstanciés, avec toutes ses gloires, toutes ses défaites.

C'est principalement pour faire une suite à notre étude que nous relatons nos réflexions.

Des essais timides d'idées libérales avaient été tentés par Turgot, Malesherbes, Necker; mais ils échouèrent devant la coalition des privilégiés, qui ne voulaient admettre aucun projet en ce sens.

La crise survint, inévitable, par l'inconscience d'un roi qui ne souscrivait à aucune amélioration.

La nation alors s'implanta, s'imposa, forte et décidée, contre le régime de décomposition qui se manifestait de plus en plus.

Le cri de « Vivre libre ou mourir ! » électrisa une grande partie des Français; les événements succédèrent aux événements, l'ère républicaine s'affermit, et la France plébéienne triompha des obstacles.

La souveraineté du peuple fut éclatante, l'abolition des droits féodaux et de toutes les servitudes tombèrent en même temps que la royauté.

Les droits à la liberté furent conquis sur les ruines fumantes de la Révolution — et malgré la terreur, malgré les scènes tragiques, malgré l'inconscience d'un peuple, désorganisé par la guillotine, malgré que cette même Révolution dévorait ses enfants, son esprit a survécu.

Il est resté entier en semant des germes de liberté, de droit et de justice; parce que la cause était noble, et que nos pères combattaient sous l'égide de la vérité, en laissant dans le cœur de leurs enfants une lueur d'espérance et de foi pour l'avenir.

Elle fut essentiellement sociale; elle ébranla presque tous les trônes; car le moindre de ses échos retentit sur la surface du globe.

Aujourd'hui encore, elle est un enseignement pour les peuples, comme elle est un enseignement pour les tyrans qui refuseraient de croire au progrès, en voulant éteindre l'intelligence, et qui ne comprendraient pas que la lumière attire, quand même les yeux seraient recouverts par le voile le plus épais et le plus sombre.

LA QUESTION SOCIALE DEPUIS LA RÉVOLUTION

La Révolution, en rappelant tous les souvenirs, nous montre le sol français, nettoyé de tous les anciens abus, de tous les honteux priviléges, de toutes les néfastes prérogatives, des viles servitudes, des ignobles dépradations du fisc, de l'avilissante oppression, enfin de toutes les injustices sur lesquelles reposaient les principes féodaux et royaux pour asservir le peuple.

Ce n'était pas à dire que la Révolution faite, rien n'était plus à faire, bien au contraire; si les hommes de 93 avait démoli, il fallait reconstruire, en raison du principe compensateur nécessaire dans l'harmonie des nations, qu'en politique, une chose remplace l'autre.

Par conséquent le progrès ne pouvait et ne devait pas rester stationnaire.

L'impulsion étant donnée au progrès social par

la véritable révolution sociale, sa marche devenait fortement active, la voie était ouverte à toutes les recherches, malgré les effets des siècles de la féodalité, et le siècle dans lequel il entrait, devait rattraper en civilisation et en solidarité ce que les anciens régimes de despotisme avaient entravé.

Les libertés conquises amenaient forcément des nécessités sociales.

Le bénéfice du droit acquis devait s'obtenir dans un temps plus ou moins éloigné.

On entrevoit les luttes qui se sont produites depuis.

C'est rappeler les difficultés de la première République dans ses sanglants effets.

C'est rappeler le premier Empire, par ses guerres nombreuses et particulièrement funestes, qui dépeuplaient la France, en faisant verser sur les champs de bataille le plus pur du sang Français.

C'est rappeler les levées formidables d'hommes et d'enfants pour remplir les vides de l'armée.

D'hommes, à l'âge déjà où les forces décroissent.

D'enfants, à l'âge où les forces ne sont pas encore venues.

Qui tous, électrisés par la fibre patriotique, partaient presque gaîment défendre la patrie en danger, et sacrifiaient leur vie pour la gloire et l'orgueil d'un homme, qui serait resté grand parmi les plus grands, s'il avait su mettre un frein à son ambition.

C'est rappeler la fin de ce règne qui laissait la France dans le plus complet appauvrissement.

Tristes épopées d'un héros, que l'histoire d'un peuple doit mentionner, pour servir d'exemple aux nations trop belliqueuses.

Leur Waterloo est au bout. Puis pour combler le désastre, le mouvement commercial et industriel dans un état de délabrement que, seul, le fléau de la guerre avait laissé en héritage.

C'est enfin la Restauration avec sa légitimité démodée, avec ses ministres hostiles aux idées de 1789, voulant imposer de nouveaux principes de royauté en rappelant les anciens régimes. Mais le peuple était las de despotisme, et les tristes et funèbres journées de 1830 firent sortir de l'apathie ce peuple, qui avait eu le temps de sucer le lait des immortels principes de liberté.

Le sang répandu des victimes fécondait une nouvelle génération, dont les aspirations étaient plus en harmonie avec le caractère sacré de l'humanité, en affermissant l'idée qu'un meilleur sort devait être fait aux travailleurs.

Oui, les révolutions sont terribles, en ce qu'elles engendrent les meurtres, les assassinats, les représailles, mais elles laissent après elles un sillon régénérateur, que les martyrs ont creusé en tombant pour la cause commune.

Elles arrêtent l'essor des abus greffés peu à peu par les gouvernements inconscients, quand eux-mêmes, troublent par leur brutalité l'ordre et la marche de la justice.

Tuer les uns pour faire vivre les autres, est une monstruosité en dehors du caractère humain; et pourtant cela est, et sera jusqu'au jour, où, par l'instruction du passé, le peuple aura acquis l'éducation sociale suffisante pour empêcher ces crimes, entraver les ambitions, et assurer définitivement la sécurité de l'existence humaine.

Bien des causes sont les conséquences de cet état d'irritabilité qu'ont les individus les uns envers les autres. Et pour les éviter, il faudrait livrer à l'humanité le plus rude des combats. Ce serait d'extirper la racine des sept péchés capitaux, pour les remplacer par le bon sens et la raison ; mais cette simplicité de l'abnégation du *moi,* n'est pas encore prête à être infusée et à fournir un nouveau sang, jeune et généreux, qui donne au cœur le battement qui devrait guider le cerveau, au lieu de le rendre l'esclave de nos luttes pour nos passions, politiquement parlant.

Ce qui plonge l'homme dans la souffrance, c'est la confiance qu'il ne possède pas pour lui-même ;

il est son propre ennemi par l'abandon de son initiative et de son intelligence, pour se laisser conduire par les premiers batteurs d'estrades venus,
qui en imposent aux gens dont la vertu est de
tout croire; l'avalanche de mots qu'ils accumulent
les uns sur les autres, se répand comme un feu
d'artifice sur l'imagination névrosée de l'auditoire,
qui, ne comprenant pas toujours les phrases vides
de sens, s'empresse de proclamer hautement la
place que ces batteurs de grosse caisse, autour de la
bêtise humaine, doivent occuper dans l'Olympe.
Combien d'individualités se sont occupées de la
question sociale sans la résoudre, naturellement,
mais ont profité de cette situation pour exploiter
la masse des malheureux et des laborieux? Ces
individualités n'ont pas de noms, mais elles se
trouvent partout, sur les tremplins qu'elles savent
transporter dans les endroits les plus favorables à
leur élévation.

Ecoutez ce candidat à la députation qui promet
monts et merveilles : des ponts, des canaux, des
routes, de la pluie, du soleil à volonté; nos campagnes sont assaillies de ces danseurs en rond avant
leurs élections.

Un autre assure le bonheur de l'humanité et se
sert de la mélinite comme panacée universelle.

Un troisième, qui macule le papier de sa prose immonde en salissant ce qui est noble et beau.

Un quatrième, qui veut prouver que sa thèse n'est pas suspecte en se posant en juge contre la vérité.

Et tant d'autres, dont on pourrait donner une nomenclature spéciale et dont le talent consiste à s'enrichir aux dépens de la masse. Ce n'est que trop tard qu'on s'aperçoit que leur jeu servait à l'exploitation de la crédulité humaine, mais ils se moquent du qu'en dira-t-on, parce qu'ils se sont retirés des affaires au moment où le fouet de la satyre ne peut plus les atteindre.

Voilà donc où l'homme se laisse conduire ; il vit par des à peu près ; et s'agite dans des habitudes contraires et néfastes à son bonheur et à son bien-être ; tout porte à croire que la vérité lui fait peur, puisqu'il continue la routine des préjugés ; ce n'est qu'au déclin de sa vie qu'il entrevoit seulement que son existence aurait pu s'améliorer, s'il avait été moins inconscient du vide qui l'entourait.

Ses luttes ont été vaines parce qu'il était seul, au lieu de comprendre l'union avec ses concitoyens.

LE SAINT-SIMONISME

Pourtant il est incontestable qu'une tendance à s'acharner au progrès social s'est faite depuis long-temps déjà.

Bien des essais ont été faits, beaucoup d'écrivains consciencieux ont présenté des moyens.

Quantité d'orateurs ont soutenu des thèses en faveur du bien-être social.

De temps à autres, les tentatives amenaient une lueur d'espoir qui s'éteignait malheureusement faute de l'aliment utile et régénérateur.

Pour donner une importance capitale à notre revue, il est utile de se reporter aux appréciations des économistes et des philosophes qui ont agité cette question de haute politique.

Car il faut le déclarer, à la gloire de tous ces grands esprits, ce sont eux qui ont indiqué la route à suivre, pour découvrir le côté pratique de l'économie sociale.

Leurs insuccès, leurs déroutes, ont été des leçons, leurs doctrines étaient des exemples nécessaires pour ne pas retomber dans leur même défaut.

Ils étaient animés d'un sentiment de justice, qu'on découvre même dans leurs erreurs, car la moralité de leurs essais, démasquait la fraude, la spoliation, l'oppression, comme étant les ennemis de la question sociale.

Nos réfutations à leur grand labeur ne seront certainement pas des critiques, mais de simples observations pour démontrer les difficultés qui les ont empêchés de mener leur œuvre à bonne fin.

Ce n'est qu'après la mort de Saint-Simon que la doctrine Saint-Simonienne eut de nombreux disciples en même temps que beaucoup d'apôtres, tels étaient le célèbre Enfantin, Auguste Comte, Armand Carrel, Bazard, Pierre Leroux, Blanqui, Olinde Rodriguez, Buchez, Decaen, etc. La devise était tirée d'une parole de Condorcet : « Toutes « les institutions sociales doivent avoir pour but « l'amélioration morale, intellectuelle et physique « de la classe la plus nombreuse et la plus pauvre.»

Tous ces hommes, dans un langage élevé, trouvaient des accents sincères pour développer le prin-

cipe, et les conférences qu'ils firent leur attirèrent
une remarquable popularité. La révolution de 1830
activa plus encore la progression des adeptes à
cette école, où le socialisme semblait entrer en
ligne pour la lutte contre le paupérisme. L'on y
réclamait l'abolition de tous les privilèges de naissance, la transformation de la société, l'éducation
sociale et professionnelle, l'égalité de l'homme et de
la femme. « A chacun suivant sa capacité ; à chaque
capacité suivant ses œuvres. » Nous y trouvons-là,
Carnot, le père de notre président de la République,
en compagnie de Michel Chevalier, Barrault, Féli-
cien David, Duveyrier, etc. Tous, hommes d'une
intelligence supérieure et élevée, qui se ralliaient
aux doctrines Saint-Simoniennes et qui apportaient
leur talent et leur temps à la propagation du système.

Tous ou à peu près, étaient d'accord, mais au
moment de réaliser pratiquement les doctrines, une
difficulté survint entre Enfantin et Bazard au sujet de l'organisation de l'Eglise.

Car il y eut après les conférences publiques, des
prédications d'un caractère religieux, qui amenè-
rent les illuminés à transformer en Eglise la doctrine de Saint-Simon.

Une tentative, du reste, faite à Ménilmontant,
n'eut aucune suite ; une communauté dirigée par

Enfantin, qui s'était intitulé grand prêtre, s'était constituée et les fidèles opéraient leurs travaux au chant des psaumes ; mais le gouvernement ému du bruit qu'ils causaient, fit cesser ces pratiques ridicules. Il est pourtant remarquable que les saint-simoniens ont eu d'heureux résultats sur la question de la nécessité du travail et de la répartition à chacun selon ses œuvres. Ce qui leur a porté le plus rude échec, ce sont leurs rêves irréalisables, quant à la pratique de l'Eglise, ainsi que le despotisme qu'ils faisaient peser sur la liberté individuelle, où ils admettaient que le grand prêtre était apte à juger la valeur de chacun, sans accepter la récrimination.

Tous les hommes qui étaient les propagateurs de cette secte, ainsi qu'on a pu le voir, étaient des personnages considérables, au raisonnement puissant, d'une réelle valeur et d'une haute capacité reconnue, puisqu'ils ont laissé des traces de leur passage en travaux de toutes sortes. Aucun n'a indiqué le côté faible.

Nous trouvons leur excuse dans l'époque même, et aussi dans cette question sociale, encore à l'état embryonnaire ; les grandes lignes mal définies n'avaient pas encore subies l'examen intéressant des détails de la pratique. L'idée sortant de l'ombre, ils s'en emparaient avec emballement et

croyaient faire bonne œuvre à propager et à défendre les infortunés.

De tout temps, ce qui a manqué aux socialistes
c'est de rechercher les causes accessibles à former
l'unité.

D'accord sur le principe politique fondamental,
ils se divisaient sur l'application de la religion.

LE FOURRIÉRISME

La théorie sociale de Fourrier était une œuvre
d'imagination, égale à ses rêveries.

Le doute absolu et l'écart absolu, de la société
moderne, telle se résumait l'opinion de Fourrier.

Le doute sur l'ensemble des idées, des croyances,
des coutumes et des politiques qui s'appelle la civilisation l'entraînait à dire :

« Quoi de plus imparfait que cette civilisation
« qui traîne tous ses fléaux à sa suite?

« Quoi de plus douteux que la nécessité et sa
« permanence future?

« N'est-il pas probable qu'elle n'est qu'un éche-
« lon de la carrière sociale?

« Si elle a été précédée de trois autres sociétés:
« la sauvagerie, le patriarcat et la barbarie, s'en-

« suit-il qu'elle sera la dernière parce qu'elle sera
« la quatrième?

« N'en pourra-t-il pas naître encore d'autres, et
« ne verrons-nous pas un cinquième, un sixième,
« un septième ordre social, qui seront peut-être
« moins désastreux que la civilisation et qui sont
« restés inconnus parce qu'on a jamais cherché
« à les découvrir?

« Il faut donc appliquer le doute à la civilisa-
« tion, douter de sa nécessité, de son excellence
« et de sa permanence.

« J'avais présumé que le plus sûr moyen d'ar-
« river à des découvertes utiles, c'était de s'éloi-
« gner en tous sens des routes suivies par les
« sciences incertaines, qui n'avaient jamais fait
« faire la moindre invention utile au corps social,
« et qui, malgré ces immenses progrès de l'indus-
« trie, n'avaient pas même réussi à prévenir l'in-
« digence.

« Je pris donc à tâche de me tenir constam-
« ment en opposition avec ces sciences.

« En conséquence, j'évitai toute recherche sur
« ce qui touchait aux intérêts du trône et de l'autel,
« dont les philosophes se sont occupés sans relâche
« depuis l'origine de leur science; ils ont toujours
« cherché le bien social dans les innovations admi-
« nistratives et religieuses; je m'appliquai, au con-

« traire, à ne chercher le bien que dans des opéra-
« tions qui n'eussent aucun rapport avec l'adminis-
« tration ou le sacerdoce, qui ne reposassent que
« sur des mesures industrielles ou domestiques, et
« qui fussent compatibles avec tous les gouverne-
« ments, sans avoir besoin de leur intervention.

« Il n'est que trop vrai, depuis vingt-cinq siècles
« qu'existent les sciences politiques et morales,
« elles n'ont rien fait pour le bonheur de l'humanité,
« elles n'ont servi qu'à augmenter la malice humai-
« ne, en raison du perfectionnement des sciences
« réformatrices ; elles n'ont abouti qu'à perpétuer
« l'indigence et les perfidies, qu'à reproduire les
« mêmes fléaux sous diverses formes.

« Après tant d'essais infructueux pour améliorer
« l'ordre social, il ne reste aux philosophes que la
« confusion et le désespoir.

« Le problème du bonheur public est un écueil
« insurmontable pour eux ; et le seul aspect des in-
« digents qui remplissent les cités ne démontre-t-
« il pas que les torrents des lumières philosophi-
« ques ne sont que des torrents de ténèbres. »

Nous ne suivrons pas Fourrier dans le domaine
de son imagination pour démontrer avec quel
esprit ses idées ont été dépeintes.

Son système social renverserait nos vues, aussi

bien qu'elles ont renversées celles de son temps.

L'originalité de son moyen d'organiser une société comme il la concevait, était une désorganisation de laquelle on ne pouvait établir aucune organisation, sinon un chaos, et c'est tout.

Sa théorie de l'attraction passionnelle reste théorie avec une science des mots, curieuse à lire.

Dans sa constitution économique et sociale, il n'admet pas les grandes villes; ennemi des grands centres, il veut des populations de seize à dix-huit cents habitants par commune, en établissant à chacun son rôle, suivant ses moyens matériels et intellectuels, par une collectivité permettant à tous la culture du sol, comme le domaine d'un seul, il croit trouver dans ce moindre nombre d'hommes, tous les éléments d'ordre et de direction : culture, commerce, industrie, sciences, arts pour le profit de tous.

Le travail sera un plaisir, « parce que le plaisir doit se trouver dans toutes les réunions librement formées de personnes qui aiment à se trouver ensemble ».

Il est très méthodique, dans sa façon d'utiliser les passions, en leur assignant un rôle social.

L'essence de ses méditations ne reposent sur aucun fondement, « son doute absolu » sur la civilisation, l'entraîne à ne pas voir la Révolution, ou du moins à ne pas la comprendre.

Il est évident que la civilisation porte avec elle ses fléaux, mais pas tous, comme il le prétend ; si l'ordre régulier des choses s'établissait, la civilisation serait complète, et elle ne l'est pas par la raison que le moindre des fléaux l'empêche de l'être.

La perfection n'est pas de ce monde, et chez les peuples les plus civilisés, il reste et restera toujours quelque chose à faire.

Douter de l'avenir, c'est se rendre rebelle à toute civilisation et se déclarer le complice des erreurs, en s'engageant dans un chemin rempli d'ornières et de casse-cous.

Evidemment la civilisation a ses étapes, elle est comme une sorte d'escalier à gravir, et dût-il y avoir cinquante marches, l'œil ne doit pas quitter la plus élevée pour espérer l'atteindre.

La sève monte toujours, la civilisation est la sève de l'humanité.

S'éloigner des routes déjà tracées pour en établir d'autres, c'est livrer les générations au recul; on connait celles qui sont à l'usage, elles sont praticables. Celles à faire, c'est l'inconnu, c'est une perte de temps au Progrès qui est pressé.

C'est à nous à profiter de ce que les siècles nous ont apporté, sans refaire un commencement du monde dans lequel notre énergie et notre intelligence sombreraient vivement. Oui, vingt-cinq siècles auraient pu suffire à une meilleure organisation humaine; oui, la malice a pris ses quartiers parmi nous; oui, l'indigence et la perfidie sont des plaies sociales; oui, le problème du bonheur public est un écueil difficile; oui, des torrents de ténèbres ont couvert nos yeux, parce que précisément ce bonheur social a eu pour adversaire le trône et l'autel, malgré toutes les innovations administratives et religieuses qui n'ont jamais répondu au mot de fraternité.

LES DOCTRINES DE P.-J. PROUDHON

Pierre-Joseph Proudhon, dans son mémoire, paru en juin 1840 : *Qu'est-ce que la propriété?* avec cette épigraphe : « Contre l'ennemi la revendication est éternelle », cherchait les moyens de prouver que la propriété était à tous. Et voici les propositions qui en forment la conclusion :

ARTICLE PREMIER. — La possession individuelle est la condition de la vie sociale; cinq mille ans de propriété le démontre; la propriété est le suicide de la société. La possession est dans le droit; la propriété est contre le droit. Supprimez la propriété en conservant la possession, et, par cette seule modification dans le principe, vous changerez tout dans les lois, le gouvernement, l'économie, les institutions; vous chassez le mal de la terre.

ART. 2. — Le droit d'occuper étant égal pour

tous, la possession varie comme le nombre des possesseurs, la propriété ne peut se former.

ART. 3. — L'effet du travail étant le même pour tous, la propriété se perd par l'exploitation étrangère et par le loyer.

ART. 4. — Tout travail humain résultant nécessairement d'une force collective, toute propriété devient, par la même raison, collective et indivise, en termes plus précis, le travail détruit la propriété.

ART. 5. — Toute capacité travailleuse étant, de même que tout instrument de travail, un capital accumulé, une propriété collective, l'inégalité de traitements et de fortune sous prétexte d'inégalité de capacité est injustice et vol.

ART. 6. — Le commerce a pour condition nécessaire la liberté des contractants et l'équivalence des produits échangés. Or, la valeur ayant pour expression la somme de temps et de dépense que chaque produit coûte et la liberté étant inviolable, les travailleurs restent égaux en salaire comme ils le sont en droits et en devoirs.

ART. 7. — Les produits ne s'achètent qu'avec des produits, et l'équivalence des produits étant la condition des échanges, le bénéfice est impossible et injuste. Observez ce principe de la plus élémentaire économie, et le paupérisme, le luxe, l'oppression, le vice et le crime avec la famine disparaissent du milieu de nous.

ART. 8. — Les hommes étant associés par la loi physique et mathématique de production avant de l'être par leur propre acquiescement, l'égalité des conditions est de Justice, c'est-à-dire de droit strict, de droit étroit : l'estime, l'amitié, la reconnaissance, tombent seules dans le droit équitable ou proportionnel.

ART. 9. — L'association libre, la liberté qui se borne à maintenir l'égalité dans les moyens de productions et l'équivalence dans les échanges, est la seule forme de société possible, la seule juste, la seule vraie.

ART. 10. — La politique est la science de la liberté. Le gouvernement de l'homme par l'homme sous quelque nom qu'il se déguise est oppression. La plus haute perfection de la société est dans l'union de l'ordre et de l'anarchie.

Nous retrouvons dans tous les ouvrages de ce philosophe ce système social.

Il faudrait admettre la Société tout entière, véritablement sans défaut, sans vice, ayant les mêmes aptitudes, la même correction de la vie, en un mot, l'unité dans l'égalité des sentiments, des mêmes vues, de la même éducation et de la même force, non corrompue par les préjugés, par les écarts, pour se créer une semblable loi ; son système poussé à l'absolu était une façon philosophique d'envisager la propriété, le travail et l'échange au point de vue littéraire.

C'était le bons sens superficiel, peut-être pour engager les économistes à étudier un système rationnel pour combattre les durs effets de la misère ; peut-être a-t'il péché par exagération pour se moquer d'eux ? ou pour se faire un renom, n'ignorant pas son siècle, et voulant sortir de l'ombre avec un ouvrage plus scientifique que pratique ?

Blanqui réfuta avec autorité le système de Proudhon.

Sainte-Beuve l'admira en artiste, c'est-à-dire plutôt en théoricien qu'en praticien, mais ne put admettre ce système de répartition des richesses.

L'académie de Besançon, à laquelle Proudhon avait dédié son mémoire, fut absolument contraire aux doctrines émises.

Pour nous, la propriété est acquise par les lois civiles, ce sont les lois qui régissent les individus ; et, dans ces conditions, le respect d'un code accepté doit être la base de l'harmonie des citoyens les uns envers les autres, et quoi qu'elles ne soient pas des lois naturelles, elles doivent être le guide indispensable des nations, car elles servent pour les besoins de l'humanité suivant le caractère et le climat.

Il est certain que dans les pays ou la civilisation n'a pas encore apporté ses vérités et même ses erreurs, l'indigène nomade plante sa tente là où il se trouve, sème, récolte, va plus loin, et continue à employer ces moyens pour vivre ; la propriété est à tous, mais véritablement trouve-t-on les sciences, les arts, le commerce, l'industrie prendre de gigantesques proportions ? Non !

Chez nous, si nous nous conformons aux lois humaines, c'est une nécessité de notre instruction, de notre éducation, de nos rapports, du rapprochement de nos villes, de nos villages, du sol qu'il est utile de soigner et qui ne peut être mis en rapport que par celui qui l'a en propriété.

Dans les vastes steppes de l'Afrique où le sol est immense, eu égard à une population moindre, rien à craindre des revendications ; une tribu peut récolter à côté d'une autre, sans être l'objet d'agression, mais en France, mais en Europe, ce serait le pillage et la dévastation.

La propriété a un autre but, c'est le stimulant à l'épargne, à l'économie, à la vertu, c'est l'élévation de l'individu au milieu d'autres individus, c'est le produit de son labeur, et c'est le résultat

du travail, comme c'est la rémunération caractérisée de celui qui produit et qui sait conserver en
sa faveur le résultat de ce produit.

L'on ne doit donc pas se faire une fausse idée
de la possession et de la propriété, elle est légitime,
elle est donc inviolable, quant au travail, ce serait peu connaître l'humanité, de ne point la voir
sous son véritable jour, il faut la prendre comme
elle est, en cherchant les moyens de lui être utile
et en lui indiquant la voie à suivre.

Tous, nous avons droit au travail, mais tous,
cherchons-nous à nous occuper au profit de la
société ?

Pouvons-nous égaliser les parts ? pour cela, il
faudrait égaliser les aptitudes, les forces physiques
et morales ; la production peut-elle être la même
dans toutes les mains ? certainement non ; celui
qui donne, doit recevoir plus.

Le travail, c'est une nécessité de notre organisme comme de notre existence ; les uns dépen-
sent plus, les autres moins ; vous ne pourrez jamais
forcer par un contrat les individus les uns envers
les autres à produire la même somme de travail,
ils y manqueraient parce que leurs forces ne sont
pas réparties d'une manière uniforme, leurs désirs
sont divers et vous apporteriez l'anarchie. Plus
d'art, plus de science, le commerce livré au ha-

sard, l'industrie aux abois, les jalousies des unes amenant la discorde, et la liberté ne deviendrait plus qu'un vain mot.

Des anomalies flagrantes se présenteraient, l'homme assuré de recevoir autant, se fierait l'un sur l'autre, la paresse et l'injustice viendraient trop tôt ébranler les bases de cet édifice en sapant ses fondements.

Il faut de la logique, tout doit concourir à apporter le soulagement, étudions le moyen utile pour sauvegarder les intérêts de chacun, apportons nos idées pour le bien-être général, mais que l'effet en soit pratique; élaguons les théories impuissantes à mettre en action, et notre cerveau se trouvera plus libre pour se concerter et peut-être pour se rapprocher de ce qu'il faut pour résoudre la question.

Quant aux échanges, l'équivalence se trouve en capitaux, c'est donc une utopie de croire qu'un objet de même valeur sera échangé, car il faudra déterminer ces deux valeurs et il semble peu probable que si elles ne sont pas équilibrées par l'usage, on puisse leur attribuer la même valeur équitable.

Le boulanger qui aura besoin d'un cheval et d'une voiture pour porter son pain devra-t-il payer à son charron et à son marchand de chevaux en farine crue ou en farine cuite? que feront ces deux commerçants avec tout ce pain, s'ils prennent le train pour aller à Marseille? Nous ne pouvons nous passer, pour l'échange, d'une monnaie de convention qui représente au juste l'objet échangé pour faciliter toutes les transactions.

LES ICARIENS

Nous ne pouvons laisser passer sous silence l'essai d'Etienne Cabet, fondateur de la secte des communistes, connue sous le nom d'Icariens à cause d'un roman : « *Voyage en Icarie* » qu'il écrivit et dans lequel il développait ses idées.

Ce doctrinaire mourut de chagrin de n'avoir pu réussir dans la réalisation de son système; pourtant il eut de nombreux disciples en France, malgré l'insuccès de sa tentative qui se fit au Texas, puis à Nauroo, par une centaine de ses plus dévoués partisans. La propriété n'était pas reconnue.

Tout était en commun.

Il n'était pas demandé plus de travail à l'individu qu'il ne pouvait en donner.

Tous les moyens propres à agrandir la production étaient acceptés sous n'importe quelle forme, soit en science mécanique, soit en matériaux, quels que soient les services rendus, la récompense se trouvait dans la satisfaction personnelle. La capacité ne pouvait qu'attirer l'estime des concitoyens sans prétendre à une rémunération supérieure à celle de chacun.

Etienne Cabet trouvait là, l'égalité, et prétendait empêcher toutes les erreurs de l'humanité, dans l'espérance que son système suffirait pour élever une barrière infranchissable aux plaies sociales.

Plus de prisons, plus de crimes, plus de guerres, tous les citoyens se suffisant avec les ressources de la république, la jalousie s'excluait tout naturellement, puisque tous les individus obtenaient leur part nécessaire à leurs besoins.

L'on commençait par le nécessaire, l'utile ensuite et l'agréable si les richesses le permettaient.

Tout était arrêté, compté, déterminé, sans que l'un ait plus que l'autre.

La liberté de la presse n'existait pas, les villes et les communes pouvaient avoir leurs journaux, mais tous les travaux d'essence intellectuelle étaient soumis à la Censure, afin de respecter l'ordre des choses établies, en même temps pour sauvegarder la vertu des citoyens.

L'institution du mariage était respectée et la famille maintenue.

Comme religion, la croyance en Dieu seul, sans

admettre la révélation , dont Jésus-Christ était le premier apôtre, en prenant comme base ses belles doctrines de fraternité et d'égalité.

Le suffrage universel était en faveur. Un président, les ministres et les législateurs étaient nommés par le vote des citoyens. Les législateurs se réunissaient en assemblée nationale, discutaient et votaient les lois, qui déterminaient les détails de la vie intérieure et extérieure.

Tout était arrêté mathématiquement, le service public ainsi que la vie privée. Chaque heure accommodait tous les accidents, le lever, le coucher, le travail, la nourriture, le vêtement.

C'est ainsi que l'Etat exerçait sa tutelle de père de famille en s'occupant des citoyens, sans rien omettre de ce qui devait les intéresser.

Il faut ajouter que les préconisateurs pratiques se sont dissous eux-mêmes en s'établissant plus substantiellement en Amérique et en colonisant plus fructueusement et plus à leur profit. Il y avait évidemment dans la doctrine de Cabet, un principe d'honnêteté et de haute vertu, trop en dehors de nos mœurs, de nos coutumes, de nos lois.

Il faut reconnaître que l'humanité est incapable de vivre dans une atmosphère de pureté aussi considérable, à moins de posséder le germe de la folie, qu'on pourrait appeler « la folie de l'humilité » en contraste avec celle des grandeurs.

Il est certain que les fonctions cérébrales de l'individu se trouveraient atteintes par cette discipline singulière, uniforme et incompatible avec les mouvements de son cœur et de son cerveau.

L'homme n'est pas créé pour vivre d'une vie animale de ce genre, en en exceptant la recherche de la nourriture et l'emploi du temps, puisque tout serait arrêté à l'avance. Ce serait l'anéantissement de sa volonté, de sa liberté et de sa dignité d'être pensant et agissant.

Rien qu'à voir l'uniforme, l'étranger qualifierait le porteur et dirait : « Voilà un imbécile ».

L'État étant tout, point n'est besoin aux intéressés de s'occuper d'art, de science, le goût n'aurait plus sa raison d'être, le sentiment du beau s'atrophierait par le terre à terre du Code.

Le découragement s'emparerait des hommes dont le talent caractérise la valeur du pays, et ne trouvant plus l'aliment à la consécration de leur talent qui les stimule à produire, ne feraient aucun effort pour élever l'art ou la science à la hauteur voulue.

Il faut de véritables études et beaucoup d'années pour faire un homme de science ou d'art, et cela ne suffit pas encore, il lui faut un vaste champ où son génie puisse déployer ses ailes; il faut qu'il observe, parce que seule l'observation est inséparable avec la science et l'art. L'homme a besoin parfois d'une vie fiévreuse, et c'est quand elle est la plus tourmentée, qu'il découvre le moyen de se tirer d'embarras. Il n'est pas fait pour « se laisser vivre » à moins que ce ne soit un déshérité de la nature qui a besoin de protection, autrement la décomposition morale se manifesterait chez tous les membres d'un pareil Etat.

Il faut du nouveau à l'homme, et ce nouveau, c'est la nourriture de l'âme qui fait avancer le progrès. Une vie contemplative est lourde à porter, elle ne fait pas prendre à l'intelligence les forces dont elle a besoin et nous admirons les adeptes qui ont émigré de la colonie pour découvrir un nouveau monde moins épris de l'uniformité.

On aura beau moraliser l'espèce humaine, le côté humain restera toujours.

Prenez l'individu le plus vertueux, grattez la vertu, l'on trouvera l'homme en-dessous. Il peut modifier ses goûts, ses passions, ses désirs, la raison empêchera l'excès, mais la nature complice fera découvrir son côté faible.

C'est en voulant construire trop haut que s'opère la chute de l'édifice.

LA MISÈRE

La misère a été de tout temps.

Elle constitue l'histoire des peuples.

C'est elle qui forme le fond de la question sociale.

Elle est la cause de tous les malheurs qui frappent les nations.

C'est pour elle que des défenseurs se lèvent, pour combattre les gouvernements inconscients.

Elle n'aurait jamais existé, si, à l'origine du monde, une loi unique, avait été gravée dans le cœur de l'homme.

L'homme peut être riche, grâce à sa prévoyance.

Mais après son nécessaire, après son utile, après son agréable, le trop plein de sa richesse scra employé pour faire vivre les pauvres par le travail.

La misère serait réduite à néant, mais les lois ont été faites pour le capital, et aucun législateur ne s'est préoccupé de faire des lois pour ou contre la misère.

Bien au contraire, on a trouvé des raisons pour la justifier.

C'est avec un cynisme révoltant que des théologiens ont exprimé publiquement et en chaire leurs capricieuses pensées.

Et ils ont dit:

Elle est nécessaire pour fournir aux justes l'occasion d'exercer la charité.

Quelle singulière hypocrisie !

Si les justes avaient été justes, ils devaient prendre à leur tour la besace, pour mettre à leur place, à leur sinécure, les misérables qui sollicitaient un secours.

C'était de la fraternité, de la charité chrétienne, en même temps qu'ils achetaient leur part de Paradis.

On a prétendu également que c'était une conséquence de la propriété.

Les arguments sont peu sérieux.

A la propriété, il faut des bras ; les ouvriers mettent en œuvre leurs forces, moyennant un salaire plus ou moins élevé, plus ou moins favorable à leurs besoins de travailleur, et, fut-il moindre, le salaire n'amène pas la misère.

Il peut laisser l'individu dans la gêne, mais il n'en fait pas un misérable ; et s'il cherche à s'émanciper en faisant des grèves, des soulèvements, des révolutions, c'est par crainte de la misère.

Certainement, la pauvreté est le champignon vénéneux de l'humanité.

Il peut pousser sur n'importe quel individu, comme le parasite sur la fleur, le philoxera sur la vigne.

Les causes sont trop à l'esprit de chacun pour les rappeler ici, tout le monde les connaît, c'est le remède qu'il faut chercher pour faire oublier à tout jamais ce mot « charité » qui est indigne de l'humanité, parce que la charité entretient la misère, en ce qu'elle n'apporte qu'un soulagement momentané et surtout de trop peu de durée.

Les hommes doivent se rendre entre eux des services et non offrir la charité.

Grande différence.

Un homme qui tend la main, s'abaisse devant celui qui donne.

Il doit recevoir avec humilité, quand l'autre

peut donner avec hauteur ou avec ostentation.

D'autres ont conclu que le paupérisme était un fruit du progrès.

Belle phrase métaphorique.

Remontons à l'histoire ; avant la Révolution, nous reconnaitrons que ce n'étaient pas des classes seulement qui grouillaient dans la misère, mais le peuple tout entier, asservi et ruiné par la splendeur des grands.

Nous sommes sincère en disant aujourd'hui que la misère règne sur une moins grande étendue, sans pourtant contester les désordres causés par celle qui existe malheureusement encore.

Il faut tenter à la faire disparaître.

La civilisation serait un vain mot, s'il en était autrement.

Oui, le paupérisme, cette plaie sociale par excellence, existe sur une partie de la classe ouvrière, parce que les gouvernements n'osent pas modifier cet état de choses, et, ce qui est fâcheux à dire, ne paraissent pas vouloir chercher le moyen pratique pour en modérer les effets.

Sans moraliser, sans chercher les grandes phrases, nous pouvons dire à l'ouvrier :

C'est à vous à sortir de l'ornière.

C'est à vous à comprendre l'efficacité du groupement, à persévérer dans le travail et à saisir avec vigueur la branche d'olivier que nous vous tendons, pour amener la paix dans votre âme, et laisser à vos enfants, par les soins de la prévoyance, ce que vous n'avez pu obtenir pour vous-mêmes.

L'ASSISTANCE PUBLIQUE

Nous allons examiner rapidement les systèmes employés de nos jours pour endiguer le paupérisme.

A tout seigneur, tout honneur, nous signalerons l'Assistance publique.

Sans remonter à l'origine de l'Assistance publique pour ne nous occuper que de son actualité, nous remarquons que ses rouages fonctionnent, mais que l'application laisse beaucoup à désirer.

L'État a compris qu'il devait s'occuper de cette classe, où la misère fait de nombreuses victimes, en laissant dans le plus complet et le plus absolu dénuement une partie des membres de la Société, précisément à l'instant où elle a besoin d'être secourue et à qui les lois refusent l'autorisation de mendier sur la voie publique, de tendre la main, pour amasser l'obole qui doit servir à ne pas laisser mourir de faim les malheureux exposés à cette infortune.

Il est donc bien compréhensible que, le jour où vous bannissiez la mendicité par l'interdiction, l'État ou la société devait s'occuper des misérables accessibles à la pitié.

Il leur était *dû* des secours immédiats, pour ne pas éveiller en eux la tentation de voler et même de tuer leurs semblables, comme moyen pour subvenir à leur existence.

C'était une mesure de sûreté, ainsi qu'une mesure de moralité, lesquelles étaient nécessaires à leur désespoir, et pour leur éviter l'idée du suicide, comme moyen de salut à leur triste situation.

Aussi, demanderons-nous, l'Assistance publique est-elle organisée pour répondre à tous les besoins?

Est-elle assez économe, pour transmettre dans la plus large part aux indigents, ce qui a été remis pour eux?

Est-ce une administration dont les membres : directeur, administrateurs, chefs de bureau, sous-chefs, employés, receveurs, etc., se contentent d'émoluments qui ne grèvent pas les ressources des indigents?

Est-ce enfin une institution prévoyante pour tous, et à la hauteur de sa mission?

Qu'on ne voie pas ici une critique, c'est une simple constatation de faits, nécessaire à l'argumentation.

Si ces questions sont bien observées, aucune discussion n'est possible, et nous aurons le regret d'apprendre que cette institution ne peut être utile à tous, même dans des cas spéciaux, qui se sont passés sous nos yeux, par des refus nettement formulés, au sujet de quelques individus très intéressants à qui nous voulions faire obtenir des secours urgents et sans retard.

Sinon, l'Assistance publique doit être contrôlée par l'État, pour remédier par des subventions plus fortes, par un contrôle sur les dons, legs et autres, afin que le bien des pauvres soit sauvegardé, pour permettre qu'il soit à la disposition des nécessiteux quels que soient-ils?

Nous citerons un exemple qui est tout un enseignement sur nos craintes, à croire qu'il y a des rongeurs qui mordent à belles dents autour de la caisse de l'Assistance publique et qui portent un dommage considérable aux assistés.

Le fait est trop significatif pour le laisser glisser sans être rendu public; il nous offre le côté véritablement typique en confirmant nos appréhensions.

Il concernait le droit des pauvres.

Après un banquet, nous donnions un bal au profit d'une œuvre philanthropique; à l'ouverture des bureaux, vint s'asseoir bien tranquillement au contrôle un monsieur comptant les entrées.

Il se nomma l'inspecteur de l'Assistance publique, de laquelle il était délégué, à l'effet de percevoir, sur le produit du bal, une somme de quinze pour cent.

Après lui avoir démontré l'injustice de cette opération léonine, attendu que la recette ne couvrirait pas les frais, il ne persista pas moins à faire main basse et à empocher le « revenu » suivant son droit, droit arbitraire et en désaccord avec l'équité.

Au moment où il s'apprêtait à partir, l'un de nous lui demanda la somme qui serait distribuée aux pauvres sur celle qu'il emportait.

— Peut-être rien, dit-il, il y a beaucoup de frais, à commencer par les miens; dame, j'ai passé la nuit !

Et le pauvre hère ayant terminé sa besogne, partit en nous laissant rêveur de cette naïve réponse.

Alors, si le droit des pauvres ne leur rapporte « Peut-être rien », que veut dire cet impôt inique de quinze pour cent, s'il n'est pas destiné à soulager l'infortune ?

En rapprochant les faits ci-dessus, il est facile

de juger que les frais généraux d'administration et du personnel, prélevés d'abord, laissent une moindre partie d'argent à la caisse de secours, ce qui fait conclure que la porte de l'Assistance publique ne s'ouvre pas à ceux qui frappent les derniers.

Donc, l'administration est à modifier complètement, si de semblables vices existent dans les autres branches administratives de l'Assistance publique. Cette institution a un caractère élevé, il faut qu'on ait une plus haute opinion sur la distribution équitable des secours, et sur les services qu'on doit en attendre.

Cette institution est d'utilité de premier ordre en ce qu'elle peut être le récipient de la charité publique; et, quels que soient les droits en sa faveur, personne ne réclamera, parce que tout le monde est d'accord sur le principe de secourir son semblable et à empêcher d'étaler, dans la rue ou à l'entrée des édifices publics, une plaie qui est parfois la honte d'une nation.

Elle sera vraiment utile, quand l'économie la plus stricte sera appliquée; il faut trouver les moyens de payer les appointements du personnel dans une autre source que celle de l'Assistance, qu'un budget soit voté à part, et qu'il fasse une caisse particulière, en s'organisant à ce que les legs, les dons, le droit des pauvres, enfin toutes les sommes encaissées, restent intactes pour être distribuées et réparties conformément aux désirs exprimés par les donataires, les légataires, et ceux qui apportent plus ou moins pour le soulagement des souffrances humaines.

C'est de l'équité, c'est de la justice, et c'est ce qui convient à la véritable philanthropie.

Au point de vue humanitaire, les secours devraient être donnés, en y joignant la tutelle nécessaire :

1º Aux enfants, à qui l'Etat doit la protection, c'est-à-dire les orphelins, les enfants abandonnés, les enfants trouvés, pour les conduire non seulement à l'âge déterminé par la loi, mais encore en faire des hommes.

2º Aux vieillards, dont les forces sont décrues, ou en état de décroissance, sans soutien, sans famille, sans habitation.

3º Aux invalides du travail, blessés ou atteints de maladie chronique, qui les empêche de produire, par conséquent de vivre sans secours.

4º Les deshérités de la nature, de naissance, ou par suite d'accidents survenus.

5º Aux enfants en bas âge, de femme veuve, dont la progéniture est trop élevée.

6° Aux enfants de fille-mère, qui souvent se livre à la débauche, parce qu'elle ne trouve nulle part l'aide et la protection.

Là, s'arrêterait l'action tutélaire de l'Assistance publique ; si ce programme était suivi rigoureusement, elle trouverait des richesses pour l'accomplissement de son œuvre, en raison de tous ces êtres intéressants qu'elle protégerait.

La société n'ayant plus aucun doute sur la bonne gérance de la fortune des pauvres, n'hésiterait pas à verser l'argent nécessaire, pour élever cette œuvre au niveau du devoir qu'elle se trouve à accomplir, celui de faire un sort plus doux, plus confortable, aux deshérités de la fortune, et aux malheureux que la maladie et l'âge ont ruinés.

Nous ne comprenons pas l'État, s'intéressant au même titre de l'homme dans la force de l'âge, en lui donnant des secours.

Ce sont les entretenus de la paresse ; il y a là une immoralité compromettante, et cette tolérance fait une situation fâcheuse à ceux qui y ont plus de droits, puisqu'ils prennent aux indigents la part qui leur est dûe.

L'administration devrait être plus soucieuse des intérêts des véritables malheureux, en devenant plus avare des deniers destinés à la classe nécessiteuse et improductive pour sa suffisance.

Il est monstrueux de connaître des hommes indignes du nom de citoyens se laisser fournir des secours, prélevés sur les impôts de tous.

L'État est certainement intéressé à éviter les plaintes, les récriminations, les colères, il doit être prudent, malgré sa force, mais il doit rechercher les combinaisons pour modifier l'état de misère de l'homme souffrant, quel que soit son âge.

Il pourrait créer des ateliers, organiser des fermes, où l'ouvrier en chômage trouverait de quoi s'occuper moyennant un salaire suffisant, qui lui permettrait d'attendre un meilleur temps. Le bénéfice de la production de ces ateliers et de ces fermes retournerait au Trésor et servirait à une diminution des impôts.

L'Assistance engage trop l'indigent à se faire inscrire au lieu de s'éloigner, et provoque chez les individus en pleine activité d'âge et de force à abuser de la situation de paresse qui leur est faite, ce qui est immoral.

LES SOCIÉTÉS DE SECOURS MUTUELS

La législation française distingue trois espèces de sociétés de secours mutuels:

1º Les sociétés libres;

2º Les sociétés reconnues;

3º Les sociétés approuvées.

Les premières, les sociétés libres, se forment sans autre restriction, que celle qui est imposée à toutes conventions de respecter la morale et les lois d'ordre public.

Les deuxièmes, les sociétés reconnues, sont créées en vertu de la loi du 15 juillet 1850, elles sont véritablement des établissements publics, ayant le droit d'acquérir, à titre gratuit ou onéreux, des meubles, des immeubles, elles jouissent

permis d'exprimer ce mot, pour bien faire comprendre leur union, leur rapport de fraternité, en acquérant aussi l'instruction économique dans la discussion pour le bon fonctionnement de leur économie, et l'examen nécessaire d'une bonne administration.

Malheureusement, elles renferment toutes, non pas dans leur esprit qui est sain, mais dans leur organisation, des défauts difficiles à combattre, particulièrement par leur nature et par le fait même des services qu'elles ont à rendre.

Elles ne peuvent pas toujours remplir les engagements des clauses de leur contrat; l'exécution en est difficile, si elles s'engagent en faveur de tous ceux qui le souscrivent, parce qu'au jour du pressant besoin, l'argent en caisse peut manquer, si trop de malades sont déjà venus réclamer les secours; alors parfois l'appui fait défaut.

Il faudrait qu'elles ne prennent aucun engagement et qu'elles limitent leurs secours aux ressources de la caisse.

Le vice est bien plus grand dans les Sociétés de secours qui ne se bornent pas à pourvoir à la maladie et aux infirmités accidentelles, mais qui veulent pourvoir à l'infirmité de l'âge et qui se convertissent en caisse de retraites.

Elles sont certaines d'être épuisées vivement, et sont exposées à la faillite.

Il en est de même pour celles en vue des chômages.

Celles-là sont encore plus impuissantes ; la oindre crise qui atteindrait l'industrie, amèneait promptement un déficit qu'elles ne pourraient amais couvrir et ne suffiraient pas à sauvegarder e la faim tous les intéressés.

6.

LA FRANC-MAÇONNERIE ET SON SYSTÈME SOCIAL

———

Nous avons pris pour mission de glisser très rapidement sur les faits généraux qui caractérisent, à notre époque, un des côtés de la question sociale.

Il est pourtant nécessaire de faire toucher du doigt l'indifférence de certaine société à remorquer à sa suite l'esprit de socialisme, dont les adeptes prétendent être maîtres en la matière.

Il se dégagera de cette étude un sentiment pénible, qui démontrera combien il aurait été grand pour les hommes qui la composent de faire aboutir leur système au profit de tous, sans aucune distinction, au lieu de s'arrêter en chemin, comme ils l'ont fait.

Ils devaient prouver qu'ils possédaient cette activité et cette force dont ils se vantent, en exerçant leur influence, pour faire aboutir le problème, au lieu de s'immobiliser dans un centre restreint ou se « cuisine » plutôt leur situation politique.

Heureusement que l'esprit d'égoïsme tend à s'amoindrir chaque jour par l'instruction qui pénètre plus vive dans les grandes artères de l'humanité, et le monde, plus éclairé, les forcera peut-être à prendre place à notre banquet, où toutes les institutions généreuses sont représentées.

Ceci dit, nous allons expliquer ce qu'est la franc-maçonnerie et son système social.

La plus puissante association de personnes est sans contredit la franc-maçonnerie, dont l'origine, d'après les adeptes, est perdue dans la nuit des temps.

Scientifiquement, les recherches de cette origine seraient curieuses, en raison des absurdités qu'on lui prête à ses débuts et du caractère mystérieux qui s'est reproduit de siècle en siècle jusqu'à la Révolution.

Cette étude portera simplement sur ce que cette institution présente de plus frappant dans son système social, pour notre époque.

A.-G. Jouaust, dans son histoire du Grand-Orient de France, publiée en 1865, dit d'elle :

« Elle réunit, à l'aide de symboles et de signes

« particuliers, les hommes libres, c'est-à-dire les li-
« bres penseurs et leur assure les avantages de l'as-
« sociation pour l'exercice de leurs droits et de leurs
« devoirs, soit envers leurs semblables, soit envers
« eux-mêmes.

« Elle a, pour but, l'amélioration morale et maté-
« rielle de l'homme.

« Pour principes, la loi du progrès de l'humanité.

« Les idées philosophiques de tolérance, de fra-
« ternité, d'égalité, de liberté, abstraction faite de
« la foi religieuse ou politique, des nationalités et
« des distinctions sociales ».

Si ces quarante derniers mots avaient été mis en
pratique et observés, la question sociale serait
résolue.

Ce sont là des principes essentiellement philanthropiques, mais l'essence de ces principes a-t-elle
été extraite?

Où est l'accord parfait de cette fraternité, de
cette égalité, de cette liberté.

Ces trois mots, mis à toutes les sauces pour servir d'appât au gogotisme, se répètent chaque fois
pour les besoins d'une cause.

Qu'elle influence a exercé la franc-maçonnerie
en France depuis l'apparition du livre de Jouaust?

C'est une question et c'est la seule qui doit être faite.

On connaît les prétentions et la vanité des hauts gradés, on sait qu'il existe une Société de francs-maçons.

On vante la franc-maçonnerie de conserver au fur et à mesure l'esprit de progrès, et on lui applique la faculté de le transmettre aux générations.

La science aujourd'hui a trouvé mieux, par l'application du phonophone, ce récipient remplacera la franc-maçonnerie et certainement sera moins encombrant pour la transmission des progrès.

Une institution semblable, organisée avec des éléments aussi considérables, ne devait pas se contenter d'être conservatrice.

Elle devait être progressiste, en s'instituant gardienne, non seulement des progrès du passé, mais en stimulant tous les cerveaux qui la composent, pour combattre activement l'extinction du paupérisme, quitte à briser sur son passage les obstacles qu'elle rencontrait.

Elle ne devait pas laisser le soin aux erreurs de prendre place au banquet de l'humanité. Elle devait opposer les vérités théoriques et pratiques, que tous les siècles avaient amoncelées, afin de recueillir le fruit de ses conquêtes, pour le livrer au monde entier, comme étant le résultat de sa lutte contre l'oppresseur du peuple.

Point n'est besoin d'être franc-maçon pour deviner ce qui se passe; comme partout ailleurs, cette association à ses divisions, ses écarts, ses préférences, et, quoi qu'en disent ses adeptes, elle a ses chefs, il ne peut en être autrement puisqu'elle possède dans son sein les puissants du jour; ce sont ceux-là qui dirigent la masse et à leur profit, ils se soucient peu du problème social.

Ce sont les idoles, et les idoles ont été de tous temps.

Elle sert de tremplin à l'ambition.

Le mot d'ordre venu d'en haut est accepté en bas; la masse, c'est-à-dire tous ceux dont la situation est à faire, ne peut résister à l'impulsion transmise pour ainsi dire hiérarchiquement.

L'unité est absente; dans chaque loge, on discute un ordre du jour qui est confectionné différemment des autres loges.

Il y a des hommes d'une réelle valeur, animés d'un esprit de progrès, qui, aimant à s'occuper d'études scientifiques, d'autres d'études sociales, morales, philosophiques, etc., heureux de trouver un auditoire autour de leur tribune, viennent apporter leurs convictions, leurs recherches, leur état d'âme pour ainsi dire, sans que leur voix dépasse les murs de l'endroit assigné.

Et tout ce qui a été dit sur les principes d'humanité, sur la félicité du foyer, sur la liberté de conscience, sur la solidarité humaine, voir sur les microbes, reste enfoui dans ce tombeau du progrès.

On prétend que cette institution est la barrière la plus forte que l'esprit moderne puisse opposer au retour des idées du passé.

O! francs-maçons, mes frères, il faut bien que vous ayez quelque chose.

Eh bien non, c'est n'être pas, que de prêcher dans l'ombre. La vérité doit être vue au grand jour, sans voile.

C'est vous tous, hommes intelligents, qui devriez faire avancer le siècle; recueillez-vous, puis en vaillants champions du progrès, vous les ennemis de l'obscurantisme, joignez-vous à cette nouvelle couche sociale, pratique, économique, qui splendidement se lève comme un beau soleil pour réchauffer l'humanité.

L'ANARCHISME

Beaucoup de partis politiques se sont formés en vue d'une république idéale, en se créant des principes pour les besoins de leur cause, entr'autre: l'anarchisme.

L'anarchisme prétend que la société pourrait se gouverner sans gouvernement central, c'est là tout le système sur lequel les adeptes appuient leur politique.

Voici comment A. Blanqui s'exprimait:

« Il vaudrait mieux rétrograder vers l'origine des âges, que d'empoisonner des générations tout entières de doctrines anarchiques. »

Bien des gens se sont demandé, si l'anarchisme pouvait rendre des services à la cause populaire, et si l'on devait l'appliquer en opposition avec d'autres courants sociaux.

Son système seul, d'après lequel le gouvernement serait supprimé, n'inspire pas une confiance des plus grandes; et ferait que des énergumènes, n'étant maintenus par aucune considération, voudraient les meilleures places, en employant des moyens violents, ou accomplissant des actions arbitraires qui détruiraient la sécurité, puisque, rien ne les retenant, ils profiteraient de l'absence de garantie pour s'y livrer.

Soit par antagonisme d'idées, soit par antagonisme d'intérêts, l'harmonie des citoyens disparaîtrait bientôt et de ce chaos, surgirait l'agression et la guerre civile.

Par suite, plus de stabilité pour maintenir l'ordre.

Assurer la paix au dehors serait impossible, il ne serait pas long à faire éclater les vieilles haines en même temps que le canon ennemi sur le sol déjà troublé.

Voilà ce qu'il adviendrait sans gouvernement central.

Comment les lois seraient-elles sauvegardées, si le gouvernement était tout le monde?

Elles ne seraient respectées nulle part.

Au Nord, on appliquerait des lois contraires au Midi, chaque portion du pays aurait son code, le tout manquerait de cohésion et d'unité.

Il y a pourtant des hommes qui se disent anarchistes, et l'on reconnait, quand on consulte leur cœur et leur conscience, que ce sont des travailleurs, bons pères de famille, farceurs par tempérament; anarchistes pour la galerie.

Nous ne pensons pas que ce système soit favorisé jamais dans notre beau pays de France, car ce n'est pas encore celui-là qui donnera le desiderata pour la solution de la question sociale, pas plus que le nihilisme n'apportera de bienfaits autre part.

LES ASSOCIATIONS OUVRIÈRES

Tous les économistes modernes, ainsi que beaucoup d'écrivains, croyant faire bonne œuvre à la question sociale, ont préconisé l'association à la population ouvrière, comme étant le meilleur moyen au bien-être.

Ils étaient de bonne foi, et ont cru atteindre le but, en indiquant l'application par de nombreux volumes.

Malheureusement, ils manquaient d'expérience, et ont conduit à la ruine les malheureux qui s'étaient abandonnés à les suivre dans cette voie.

Si nous examinons les insuccès de la plupart des sociétés coopératives, nous y trouvons dans toutes le même esprit humain qui a participé à leur perte.

Le gérant, nommé par les associés, sorti de leurs rangs, n'avait pas l'autorité suffisante pour imposer son tempérament d'administrateur; ses ordres ou ses avis étaient discutés par ses anciens camarades d'atelier qui ne pouvaient se soumettre de bonne grâce à se ranger à la place qui leur convenait, sous le prétexte que leur valeur en était amoindrie; et, mûs par ce sentiment d'orgueil mal placé, tous voulaient diriger à leur façon, semblant dire :

« J'ai apporté en espèces, ma part de patron, « j'ai le droit d'apporter ma part de bêtise »; et la direction ballotée à tort et à travers, s'en allait à vau-l'eau, amenant les déboires, toujours la déconfiture et la faillite.

C'est ainsi que cette pépinière de patrons, accélérait la catastrophe, en conservant le seul souvenir de leur passage aux affaires, avec la pensée que le problème social était impossible à résoudre.

Ils ne savaient pas qu'il y a une science pour administrer une association établie sur des données aussi complexes; l'erreur des vulgarisateurs a été de ne pas mettre au clair les difficultés, en ne faisant entrevoir que le côté philosophique de leur idée.

On n'improvise pas plus des commerçants et des industriels, qu'on improvise des philosophes ou des maçons; l'apprentissage même, quelquefois, ne suffit pas, c'est l'expérience de la chose qu'il faut acquérir; la meilleure expérience est celle qui part du jeune âge en pareille matière.

La pratique du commerce n'est pas celle de l'atelier; il est pénible à l'ouvrier de produire, mais il est difficile au commerçant d'écouler cette production, si la clientèle n'est pas formée; si les relations ne sont pas établies; nous distinguons une sensible différence entre ces deux éléments, car il est un préjugé des plus faux, dans la classe ouvrière, de croire que celui qui dirige est un paresseux, parce qu'il paraît oisif; c'est sur lui que tombe la responsabilité morale ou matérielle de la réussite ou de la perte de l'entreprise.

C'est à lui qu'incombe le soin de retenir la clientèle, d'établir les prix de revient, de continuer ou de modifier l'administration, de calculer pour l'accord de tous. En un mot, c'est lui qui représente la pierre de touche pour apprécier toute valeur. Cette liberté d'action doit lui être accordée sans entrave, sous peine de devenir une gérance ingrate, pénible ou nulle.

Que les ouvriers sachent bien ce qu'il faut:

C'est une main ferme qui tienne la barre du gouvernail pour conduire le vaisseau à bon port; le gérant ou l'administrateur, c'est le pilote à l'œil sûr, à l'énergie ardente dans les passes difficiles, car il a charge d'éviter le danger!

C'est ici ou les deux vers de Florian prennent leur place :

> ... Chacun son métier,
> Les vaches seront bien gardées.

Nous en trouvons le témoignage dans la situation de tous ces patrons rassemblés, qui ne voulaient pas démordre de leurs avis, de leurs conseils et de leur autorité patronale; petits autocrates qui n'avaient pas compris qu'ils devaient rester chacun dans le rôle qui leur était propre.

Ils étaient à plaindre, et le blâme n'était que pour leurs conseillers ignorants, qui n'avaient pas su détailler minutieusement une organisation pratique pour prémunir les coopérateurs contre eux-mêmes.

Dans toute chose, la cohésion est nécessaire, et plus particulièrement encore pour ce genre d'exploitation, qu'elle ne pourrait l'être au commerçant au fabricant, à l'industriel, propriétaire de sa maison.

La bonne entente est la base des succès pour les sociétés de ce genre, c'est à cette condition stricte qu'elles peuvent traverser des moments d'épreuves et de difficultés.

Les coopérateurs qui ont fait sombrer leurs établissements manquaient de cohésions et par conséquent d'ordre; s'ils avaient suivi la loi de la raison, en attendant que l'expérience vienne à leur aide, ils auraient sans doute végété pendant quelque temps, mais plus tard, le succès aurait couronné l'œuvre.

L'ordre, si précieux en matière expérimentale, est un des fondements les plus puissants, il serait venu régler leur ligne de conduite dans le fonctionnement de la chose entreprise, il les aurait éclairés pour se créer un code, duquel ils ne seraient jamais sortis, que pour le modifier suivant les besoins.

A notre humble avis, voici comment nous comprenons l'organisation d'une société coopérative, au bénéfice des ouvriers; comme c'est une question de la plus haute importance, nous attirons donc l'attention du lecteur, afin qu'il comprenne bien un système que l'expérience nous dicte. Ce n'est pas une révolution à faire, c'est le développement par la pratique d'un problème à résoudre.

Ceux qui se sont occupés de la coopération, ont fait avorter leurs tentatives parce qu'on ne leur a pas signalé les erreurs; aujourd'hui, il est facile de mettre à profit ce moyen pour faciliter aux ouvriers des ressources, autres que les salaires.

Il est incontestable que de l'avenir d'une classe dépend l'avenir de la société, et comme ce problème est un des points fondamentaux pour l'accord entre les parties de la nation, chacun doit apporter son impression, pour améliorer la classe des laborieux, qui est certainement la plus intéressante de l'humanité.

Pour éviter l'échec de ses devancières, et lui faire jouir de l'estime privée et d'une grande considération publique, une société coopérative doit se fonder ainsi:

Un directeur ou un administrateur, qui soit chargé de l'exécution des contrats passés entre l'ouvrier et la Société, que toutes les opérations soient exécutées sous sa surveillance, achat de matière première, règlements de compte, et qu'enfin il représente la Société auprès du public.

Il est des hommes qui possèdent ces qualités nécessaires; on en trouvera un grand nombre dans le commerce ou dans l'industrie, qui se feraient un honneur d'être à la tête d'une opération semblable.

Un comptable, tenant les écritures conformément à la loi.

Des employés dont la tenue ne laisserait rien à désirer pour recevoir le public.

Un contre-maître à l'atelier pour la bonne direction du travail et des commandes.

Enfin, les ouvriers pour la main-d'œuvre.

Nous entendons ici placer comme ouvriers les hommes de peine, le garçon de bureau, le concierge qui peut occuper lui-même un poste autre que sa loge.

Le tout accompagné d'un tribunal arbitral, pour arrêter définitivement le salaire journalier, déterminer le chiffre pour les bénéfices en supplément de salaires, arrêter la part de la somme qui revient à l'association, ainsi que celle devant former la caisse de secours et de retraites pour la vieillesse.

Il serait en somme le Conseil d'administration dans les cas urgents. Il serait convoqué pour juger toute infraction au règlement, et pour faire rentrer dans le giron les individus qui s'émanciperaient.

Il ferait la purge de tout ce qui pourrait être nuisible à la cause commune; composé pour la justice et l'équité, il n'est aucun doute que toutes les difficultés seraient écartées.

Le choix serait peu difficile à faire ; dans le nombre des ouvriers, il s'en trouve beaucoup d'intelligents, bien connus, bien estimés de leurs camarades, qui d'eux-mêmes, les désigneraient pour l'emploi par leur vote.

Ce comité d'arbitrage, d'accord avec le directeur, deviendrait la force réelle de la bonne administration, tant du côté de l'économie, que du côté actif, il serait la garantie morale et matérielle du fonctionnement régulier de la Société.

Le rôle des sociétaires étant bien déterminé; chacun à sa place, le résultat serait positif, car toutes les forces étant vives, elles deviendraient le levier fort et puissant.

C'est par l'union de tous les efforts concentrés que les grandes entreprises aboutissent.

Il serait donné de juger un principe tant décrié, recevoir son application par des hommes avec lesquels l'industrie privée aurait à compter dans l'avenir; et qui, pour féconder l'opération, auraient apporté leur concours commun, intelligemment préparé, en faisant abnégation d'un amour-propre sans valeur, quand il s'agit du bien général. Au contraire, les ouvriers, déchargés du souci de la direction, s'appliqueraient à l'œuvre sans éprouver cet emballement auquel ils s'entrainent parfois; leur indépendance serait manifeste, puisqu'ils travailleraient pour eux, produiraient davantage pour cette raison, en conservant cette dignité si nécessaire à l'homme et dont l'ouvrier, entre parenthèse, est si jaloux.

La direction et le comité d'arbitrage auront également à préserver l'association des crises périodiques de leur industrie, ils ne pourront jamais y parer trop, car elles sont inévitables.

Tout commerce, toute industrie, a sa morte saison. Il est donc urgent d'escompter les moments où le travail donne peu et parfois pas du tout, en s'attachant à réparer cette brèche, par une réserve; l'équilibre se fera et l'harmonie conservera ses droits.

Le directeur percevra une rémunération suffisante sans être exagérée, et pour le mettre en haleine, afin qu'il prodigue ses efforts; un tant pour cent lui sera accordé sur les affaires; cette disposition l'engagera à augmenter le chiffre des opérations, ce qui vaudra mieux que de le voir « péricliter » ou rester dans le « *statu quo* », si aucun intérêt ne pousse le gérant à activer le mouvement de l'opération coopérative.

Le comptable aura des appointements, l'engageant à s'établir définitivement à ce poste, il serait même utile de l'augmenter suivant que le travail lui-même prendra de plus amples proportions.

Les employés seront payés sur la moyenne obtenue par les ouvriers.

Le chef d'atelier aura également un tant pour cent en plus de la moyenne obtenue par les ouvriers sur la production du travail fait dans l'atelier.

Tous les ouvriers seront aux pièces, dont les prix seront fixés par le comité arbitral. Cette condition est absolue, car il n'y aurait aucune justice, que l'ouvrier qui dérogerait aux règlements établis, aux heures de travail, ou aux lois de l'activité, reçoive ce que percevrait l'ouvrier laborieux et rangé.

Il ne faut jamais permettre qu'un paresseux vive aux dépens des travailleurs producteurs.

Après avoir établi :

Les comptes d'achat.
Les frais généraux.
Les frais de salaires.

Trois parts seraient réservées pour les besoins suivants :

1° Une part pour augmenter les salaires, dénommée, la part des bénéfices.

2° Une part pour l'association, dénommée, la part des réserves.

3° Une part pour les secours, dénommée, la part de détresse.

Si la part des secours n'était pas éteinte, le trop

plein servirait pour créer une caisse de retraites.

Tous les membres auraient droit au partage de la première part, c'est-à-dire leur part de bénéfices, qui augmenterait d'autant le salaire journalier.

La part des réserves serait mise à part au cas où la Société aurait besoin de fonds.

Le jour où cette réserve serait assez importante, elle viendrait se joindre au capital, ou servirait à son extinction, s'il y a prêt.

La part de détresse est toute indiquée; elle assisterait les membres atteints par la maladie, les blessures ou tous autres accidents.

Mais dira-t-on, c'est très bien, tout cela!

Et le capital?

Deux moyens se présentent: l'État prêteur. Les capitalistes.

Le premier est de demander à l'État un crédit en rapport avec l'importance de la chose entreprise.

Nous devons déclarer que nous ne sommes pas partisan de cette méthode, nous savons l'État obéré, nous doutons qu'il devienne État banquier. Mais l'État bienfaiteur pourrait trouver le moyen d'une émission pour une caisse spéciale.

Il demanderait aux Sociétés coopératives un intérêt de 5 0|0, comme garantie du prêt, jusqu'à l'extinction de la dette; puis pour couvrir ses frais, il retiendrait un pour cent en livrant 4 0[0 aux souscripteurs.

Nous voyons là une opération pratique qui ne dérangerait rien dans nos institutions en attirant à l'Etat toutes les sympathies.

Le second moyen est plus simple et rentre dans les choses pratiques, nous nous répétons en disant que nous craignons la tutelle de l'Etat, s'il la demandait. Dans ce cas, il annihilerait la liberté individuelle, l'initiative privée serait supprimée, et l'esprit de l'association se trouverait en buttes à toutes les conséquences de cette tutelle, ce qu'on évite en appelant directement le capital à participer aux droits de l'entreprise.

La combinaison est des plus simples, des plus ingénieuses et mérite qu'on s'y arrête.

Par sa production, un ouvrier représente un capital.

Il y a donc lieu de déterminer le capital qui représente un ouvrier.

En admettant le salaire annuel d'un ouvrier, à 1,500 francs, le capital à intérêts de 5 0[0 est donc de 30.000 francs.

Ce dernier chiffre représente un ouvrier, donc en ajoutant autant de fois 30,000 francs, nous trouvons autant d'ouvriers.

Exemple :

Il faut 120.000 fr. pour le fonctionnement d'une opération, soit représentativement 4 ouvriers de 30.000 fr., donc................................. 4

La Société est composée d'un personnel de 52 personnes.

Directeur..................... 1

Comptable.................... 1

Employés..................... 2

Hommes de peine........... 3

Ouvriers..................... 45

Forment........ 56

parts dont 52 parts pour les 52 membres actifs et 4 parts pour les 4 ouvriers capital, qui toucheront le salaire, comme elles resteront 56 parts au partage des bénéfices.

On objectera que les 4 parts du capital, rapporteront plus de 5 0|0, c'est absolument notre avis, puisque nous adoptons le principe qu'une part de trente mille francs, représente un ouvrier, il doit donc obtenir ce qu'un ouvrier obtient, c'est de toute équité ; ce raisonnement fera comprendre que cette même Société sans capital ne pourrait pas se former, il est de toute justice qu'il ait les mêmes intérêts que peut avoir l'ouvrier.

C'est une association de la coopération avec le capital; il est facile de trouver le capitaliste ou les capitalistes pour semblable opération, en leur accordant le droit, à des jours déterminés, de venir examiner la bonne tenue, et des livres, et de l'établissement.

La dernière recommandation adressée à ces sortes de Sociétés, est de dire en quelques mots le secret de la réussite; tout est là:

« Envisager la moindre économie comme un « facteur de bénéfices ».

Alors, on verra un fait saillant, nouveau, tranchant : le capital ami du travail, aidant l'humanité à éteindre le paupérisme, au lieu d'enregistrer les jours de chômage et de maladie, qui amènent la gêne au foyer, en laissant un esprit de haine à la société.

Un dernier mot encore aux travailleurs.

Si vous voulez obtenir la tranquillité la plus absolue, évitez les discussions politiques et religieuses qui contiennent un ferment de discorde. Laissez à la porte de vos ateliers vos opinions personnelles, vous les reprendrez en sortant pour vos devoirs de citoyens et votre dignité d'hommes libres et indépendants.

LE DÉBUT DE LA SOCIÉTÉ DES « PRÉVOYANTS DE L'AVENIR »

Avant de commencer l'étude sur la société des Prévoyants de l'Avenir, nous avons le plaisir de mettre sous les yeux du lecteur le premier document qui a servi de base aux fondateurs pour créer cette belle Société.

On remarquera la sagesse avec laquelle cet admirable discours a été conçu.

Braves soldats de l'humanité, vous montrez le désir d'être utiles à tous, avec l'enthousiasme qui caractérise de véritables humanitaires !

Vous avez la foi qui soulève des montagnes, votre sobriété dans vos promesses, sous toutes les formes, indiquent que vous étiez dignes d'une semblable création, qui est la vôtre.

Oui, vous disiez de votre Société :

« Elle sera comme le premier jalon planté dans l'ère des revendications sociales ! »

Vous n'avez pas menti, bien d'autres jalons sont venus autour de ce premier jalon.

Vous avez dit aussi : « Nous aurons, au bout de vingt ans, un capital de 2 millions 222.222 fr. 48, produisant un intérêt de 111.111 fr. 24 à partager entre 2.750 sociétaires. »

Vous étiez bien modestes, et les langues qui disaient que vous aviez fait une affaire ont commis une grande erreur.

Allez toujours, le succès a dépassé vos prévisions, vous le méritez, continuez votre œuvre, agrandie par votre courage et votre énergie.

Vous êtes des philanthropes.

Vous êtes des gens de bien.

Que vous font les critiques ?

Que vous font les indifférents ?

Un jour ils comprendront que votre belle Société est créée pour la concorde et la fraternité !

Voici le discours prononcé, au nom du bureau provisoire, le 12 décembre 1880, salle Pétrelle, par M. Soldini :

« MESDAMES, MESSIEURS,

« Avant toutes choses, permettez-moi, au nom du bureau provisoire, de vous remercier de l'accueil bienveillant que vous avez bien voulu donner à la création d'une œuvre qui, *si elle n'a pas d'effet immédiat, est appelée à produire des bienfaits dont personne ne doutera de l'efficacité réelle.*

« La Société des *Prévoyants de l'Avenir,* comme son seul titre l'indique, est une caisse civile de retraites, fondée dans le but de venir en aide à la vieillesse, ou si les adhérents entrent jeunes dans la Société, à leur donner une sorte de rente, afin de leur faire traverser les passages critiques de la vie avec plus de fermeté et moins de déceptions.

« Nous n'avons fait aucune distinction, ni dans le sexe, ni dans la nationalité, ni dans l'opinion; nous avons voulu que tous et toutes, au nom de l'humanité, puissent avoir leur place marquée dans cette réunion de prévoyants; des actes, nous ne pouvons encore en citer; des prévisions, nous en avons l'esprit rempli; oui, notre conviction est considérable, elle s'étend à des hauteurs inaccessibles ; vous dire que dans quelques semaines, sans publicité ou presque sans publicité, nous avons atteint un chiffre énorme d'adhérents ! Si votre appui, votre propagande ne nous fait pas défaut, nous aurons à la fin de l'année un chiffre d'adhérents qui ne sera pas moindre d'un millier.

« Qu'est-ce, en effet, que la création d'une Société, si difficile soit-elle? Rien. La fondation n'est que l'élaboration plus ou moins discutée, remaniée et approuvée; mais ce qui est le plus difficile, et c'est là, étant donné le caractère essentiellement hétérogène de notre œuvre, la plus grande question à l'ordre du jour.

« Je vous prie, Mesdames et Messieurs, dans la discussion, de bien vous rappeler que les bienfaits n'étant pas immédiats, c'est une œuvre de patience et d'économie que nous allons fonder; *elle sera comme le premier jalon planté dans l'ère des revendications sociales.*

« On a ressenti de toutes parts la nécessité d'une société

comme celle que vous allez être appelés à fonder; à vous seuls il appartiendra d'avoir marché à la tête de ces créations, vous serez les premiers qui pourrez vous écrier dans vingt ans: « Nous avons voulu et notre œuvre a duré; « nous avons vaincu, et notre triomphe est éclatant. »

« Je ne veux pas abuser de vos précieux instants, et vous me permettrez de vouloir bien, pour finir, vous lire quelques lignes encore assez ardues, pour que vous me prêtiez une attention soutenue; elles ont été écrites avec sincérité et les chiffres qu'elles contiennent sont d'une sincérité non moins égale.

« Etant donné que la Société des *Prévoyants de l'Avenir* compte 500 membres à 12 fr. par an = 6.000 fr., placés au taux de 5 0/0 rapportent 300 fr., forment un capital de 6.300 fr., soit au bout de 2 ans 12.315 fr., de 10 ans 76.253 fr. 53, de 20 ans 203.446 fr. 40, rapportant un intérêt de 10.172 fr. 30, formeront la totalité des rentes à partager entre les pensionnés.

« En admettant que la mortalité soit de 35 0/0 en 20 ans et en comptant pour 10 0/0 seulement le nombre des rayés par défaut de payement ou toute autre cause, nous aurons une somme de 10.172 fr. 30 à partager entre 275 pensionnés, ce qui fait à chacun une rente pour la première année de 37 fr., *à laquelle il faut ajouter l'intérêt du capital apporté pendant 10 ans par les nouveaux sociétaires.*

« En effet, pendant ce laps de temps et comptant sur le dévouement et la bonne volonté de tous, nous pourrons augmenter d'au moins 500 par an le nombre de nos membres et arriver, lors du premier payement des rentes, à compter un nombre de sociétaires de 10.000 au moins; nous aurons donc à ajouter au capital premier la somme de 187.758 fr. 48, ce qui formera un total de 391.204 fr. 88 qui, produisant un intérêt de 19.562 fr. 24, donnera une rente de 78 fr. 24 par an et par pensionné, pour 240 fr. de versement en 20 ans.

« Il est nécessaire de faire remarquer ici que nous n'avons compté que sur le nombre infime de 500 sociétaires pour établir la moyenne des rentes.

« Pour se rendre un compte exact des avantages à réaliser, il nous faut compter *sur un chiffre dix fois plus grand*, soit sur 5.000 membres par an. Ces chiffres ne sont pas trop élevés, car plus nous serons nombreux, plus nous aurons la facilité de faire des prosélytes. Nous aurons donc, au bout de vingt ans, un capital de 2 millions 34.464 fr., auquel nous aurons à ajouter les fonds versés pendant les dix-neuf autres années, soit 187.758 fr. 48, ce qui fait un total de 2 millions 222.222 fr. 48, produisant un intérêt de 111.111 fr. 24 à partager entre 2.750 sociétaires.

« Ces chiffres ne nous donnent qu'un faible aperçu de ce que sera notre Société dans vingt ans, *car si la propagande est active*, le nombre des sociétaires s'accroîtra en raison de cette activité et, par conséquent, *les chiffres précédents peuvent doubler et même tripler.*

« Déjà la province nous a envoyé des adhérents; le Nord a commencé la marche et, vous le savez, Mesdames et Messieurs, si le Nord donne, le nombre des adhérents grossira énormément.

« Encore un mot, Mesdames et Messieurs, *pénétrez-vous bien des sentiments de désintéressement et d'abnégation pour créer cette œuvre;* mais si vous ouvrez la porte toute grande à ceux qui viendront, *fermez-là à l'égoïsme, ce fléau qui, à notre avis, a engendré les misères sociales dont nous avons tous plus ou moins souffert.*

« Nous comptons aussi, afin de fortifier notre Société,

donner des représentations, des concerts, faire des conférences. Nous nous occuperons aussi de demander à tous
les journaux de nous faire de la publicité; enfin, nous
croyons que, par votre propagande, nous réussirons à posséder avant notre première assemblée générale un nombre considérable d'adhérents ».

LES PRÉVOYANTS DE L'AVENIR

Tous les jours, l'on est à même de s'éclairer sur
a nécessité de voir se grouper les hommes.

Quels que soient les moyens employés, ils sont
oujours bons, s'ils suffisent à apporter l'harmonie
ans les rapports et dans les relations.

Au point de vue élevé, les droits de réunion pri-
ordiaux sont naturels en ce sens que l'homme,
ar son intellect, est particulièrement prédisposé
 vivre en collectivité jusqu'en ses moindres ac-
es, et surtout en raison de ses facultés morales
t actives.

Isolé, il serait condamné à l'impuissance et
'humanité n'aurait plus sa raison d'être.

Il est donc utile d'encourager tous les individus
qui composent la société à s'unir pour s'entendre
contre les erreurs et les préjugés, à se soutenir
pour se défendre contre les maux et les besoins.

Ce qui manque à la société, c'est l'éducation sociale pour combattre avec succès l'esprit de contradiction malfaisant et criminel, qui certainement n'est pas prêt de disparaître, car il possède ses quartiers anti-sociaux depuis Caïn, se reproduisant de générations en générations, de siècles en siècles, y compris le nôtre, et qui forment l'histoire des sept péchés capitaux, malheureusement trop chers à l'humanité.

Actuellement, si la science sociale nous a conduit à la découverte d'une organisation encore en enfance pour réagir contre les principes anti-sociaux, la sociabilité nous fait un devoir de nous réunir tous, pour combler les lacunes de l'insouciance qu'ont les hommes entre eux lorsqu'ils ne se connaissent pas; quant au contraire, ils devraient se connaître pour s'apprécier, s'estimer et s'aimer.

Combien voit-on de sociétés se former et qui ne possèdent qu'un nombre restreint d'individus, lesquels participent aux travaux particuliers de leur Société respective, sans plus se soucier des intérêts généraux, mettant en pratique cet ignoble proverbe du « chacun pour soi »; ils s'intitulent « des humanitaires » et travaillent pour eux, rien que pour eux, apportant dans leurs relations un esprit de clocher aussi étroit qu'égoïste et mesquin.

C'est une plaie de notre époque où *tout* devrait être vu *grand*.

Hélas ! suffit-il de leur signaler leur état maladif et névrosé que donne la jalousie, pour espérer les ramener dans la vie des principes sociaux, véritablement sociaux, de la Société « Les Prévoyants de l'Avenir », dont la devise sublime *Tout par tous et pour tous*, est mise en pratique et à la portée de l'humanité tout entière, car elle est l'affirmation des libertés conquises à la fin du XVIIIe siècle en même temps que le produit des progrès du XIXe siècle.

C'est le grand facteur pour l'avenir.

La devise qu'elle porte au fronton de ses statuts est certainement supérieure aux discours et aux écrits si brillamment exposés ou dépeints par des individualités éloquentes et spirituelles, mais qui n'ont jamais pu mettre pratiquement en œuvre leur science économique, l'imagination leur fournissant une ample moisson de pensées philosophiques, en théories impraticables ou de doctrines trop brillantes pour leur réalisation.

Voyager dans le domaine de la fantaisie, n'est pas le terrain de la vérité.

Tel alchimiste qui voudrait découvrir chimiquement le moyen de faire de l'or, dépenserait assurément une grosse fortune avant d'extraire une parcelle de ce métal. Le jeu n'en vaudrait pas la mise.

Tels ainsi ont été beaucoup d'économistes et des philosophes. Il est pourtant nécessaire d'applaudir à leurs travaux, puisqu'ils ont conduit un homme à la découverte du seul moyen pacifique que puissent offrir nos institutions, nos mœurs, nos lois, pour pénétrer dans le système le plus pratique et le plus solide de l'association.

C'est de la démocratie pure et simple, puisque tous les citoyens, sans exception, peuvent y participer par leur épargne et par leur intelligence.

Ce n'est pas à dire que le problème de la question sociale soit résolu par l'idée de Frédéric Chatelus, mais il est certain que là, est *la clé* pour *l'avenir.*

A nos enfants de savoir se servir de cette ouverture du crédit au bien-être pour en profiter, en modifiant, suivant les besoins des époques, un principe qu'ils pourront guider selon les circonstances.

Pour le présent, notre devoir est d'aller toujours en avant en concourant à la propagation de cette œuvre humanitaire qui en réalité, est au profit de la *Mère-Patrie.*

Qu'est-ce que c'est que la Société des *Prévoyants de l'Avenir?*

C'est l'épargne de tous.

C'est la prévoyance sociale.

C'est l'économie populaire.

C'est une indissoluble solidarité.

C'est l'ordre dans le socialisme.

C'est le commencement de la liberté pour la femme.

C'est le mutualisme raisonné.

C'est la croyance en l'avenir.

C'est l'enseignement moral et pratique.

C'est le produit de la civilisation et de la liberté, faisant la guerre à deux fléaux : l'ignorance et la misère.

C'est le résultat final des crises économiques, pour éviter les grèves, les soulèvements, les révolutions, les guerres.

C'est la semence des révélations de la paix universelle.

Parce que c'est l'unité, si longtemps cherchée, pour faire droit aux revendications justifiées.

Il était dû à la France, dans la personne d'un de ses enfants, d'avoir découvert le moyen le plus pratique pour la sécurité des peuples.

Malgré toutes les entraves, l'idée de Chatelus fera son chemin, et traversera au profit de l'humanité, les siècles futurs; car elle est assise sur des fondations durables, et avec des matériaux solides.

Elle est exempte de tout soupçon démoralisateur.

Elle sera peut-être le fil conducteur qui conduira les générations à venir, au bien-être social et à la moralisation des masses.

La prévoyance y a marqué de sa griffe puissante son cachet particulièrement protecteur, comme étant la base de la Société des Prévoyants de l'Avenir, qui est appelée à devenir une de nos premières institutions.

Elle sera le facteur le plus sincère de l'économie sociale.

C'est par la prévoyance que tous les maux seront soulagés, ils y trouveront les remèdes par l'économie soutenue.

C'est elle qui apportera des devoirs, mais elle compensera par des droits; et la charité et la misère sombreront dans son flot.

Avec quelle sécurité l'individu entreverra l'avenir, quand la masse, se soumettant aux principes du bon sens et de la raison, comprendra qu'elle doit obéir à cette loi fondamentale du soutien, pour faire disparaître, à tout jamais, l'inégalité des citoyens.

N'est-il pas immoral de constater les castes qui existent encore et que nous ont légué les féodalités en se perpétuant depuis la Révolution par les gouvernements qui l'ont suivie?

N'est-il pas honteux de déclarer que ces distinctions sociales ont été établies par des hommes pour leur ambition personnelle, pour leur sensualité, pour leur orgueil, au bénéfice de leur cause, de leur intérêt, mettant en œuvre tous les moyens pour rendre servile une classe particulière, destinée à être exploitée misérablement.

La nature est meilleure mère, elle nous a fait tous semblables, fils de roi, fils de berger, fils de riche, fils de pauvre, sont venus au monde, faisant entendre les mêmes vagissements, ayant les mêmes accidents dans leur enfance, les mêmes peines, les mêmes douleurs, la même mort.

La Genèse constate que le premier homme était de même structure que le dernier venu de nos jours.

Ouvrez les cercueils des Égyptiens, vous verrez les momies, démaillotées de leurs bandelettes de toile, semblables à nous, par leurs formes, strictement pareilles aux nôtres.

C'est là l'unité de la nature, c'est ce qui fait sa beauté, sa force, sa grandeur, et éveille, chez le penseur, des sentiments d'admiration.

La prévoyance a des ailes, elle plane au-dessus

de l'humanité et semble annoncer aux humains qu'elle est une fée pour les bienheureux qui s'adressent à elle.

Oui, heureux qui la comprend, car celui-ci agit en bon citoyen, en bon père de famille.

Il s'offre en ce moment tout particulier un exemple instructif et significatif.

De toutes parts se forment des grèves.

Les grèves indiquent des souffrances; elles apportent le désordre, elles modifient le caractère de l'homme, elles le rendent méchant, coléreux, révolutionnaire, de bon travailleur qu'il était.

Les revendications sont exposées brusquement d'une part, et refusées brutalement d'autre part; la haine survient, l'entente est difficile quand elle n'est pas impossible; l'annimosité s'en mêlant, il y a des victimes, et malheureusement les victimes sont indiquées à l'avance.

Puis, des flots d'encre débordent: accusateurs des uns, défenseurs des autres, pour établir les responsabilités.

Et l'on parle de fraternité, quand ce sont ceux qui peinent à qui les torts s'adressent.

Les éloges étant réservés aux individualités qui ont eu la main ferme d'avoir su réprimer le mouvement populaire.

Il a été fait des lois pour déclarer que les grèves

étant l'essence de la liberté humaine, ne tomberaient pas sous le coup de tel ou tel article du code;
mais il n'en est pas moins vrai que les prisons
s'ouvrent toutes seules, pour y recevoir les malheureux qui ont le tort de s'agiter sur la voie publique ou d'invectiver les auteurs de leurs maux.

Les grèves ne comportent pas le principe de la
liberté, encore moins celles qui sont mal admi-
nistrées, mal ordonnées, guidées par des meneurs
dont l'existence problématique n'est dûe qu'à ces
sortes d'agitations ouvrières, au profit de nous ne
savons quelle considération, mais certainement à
leur profit personnel.

Celles-ci sont les plus dangereuses par l'anarchie
qui y règne.

Les grèves sont des remèdes plus mauvais que
le mal; l'expérience l'a démontrée, en ce qu'elle
laisse l'ouvrier dans une gêne plus profonde, une
misère plus grande, et l'expose à une animosité
patronale qui se fait sentir plus tard.

Elles ne suffisent pas pour résoudre les difficultés, loin de là, puisqu'elles deviennent des causes
de souffrance et d'appauvrissement.

C'est un ulcère attaché à l'ouvrier qui le brûle
comme la tunique de Nessus, en lui faisant oublier l'histoire, quand il devrait se rappeler les grèves du Creusot, de la Ricamarie, le sang versé

des femmes et des enfants, coulant dans les rues, sans profit pour la grève.

Il devrait se rappeler les grèves du Pas-de-Calais et du Nord, dont le retentissement devrait être pour lui un enseignement.

Il ne devrait pas ignorer que pour la grève, ce n'est pas une fraction seule, mais tous les ouvriers du même corps d'état, qui devraient s'entendre pour la mener à bien.

Si leurs réclamations étaient fondées, ils auraient pour eux l'opinion publique; alors, mais seulement alors, leurs revendications seraient écoutées par les exploiteurs.

A vrai dire, ce n'est point de ce côté que doivent se diriger les efforts pour l'amélioration du sort des travailleurs, il y a de l'honneur à viser plus haut, à toucher du doigt la véritable plaie, pour laquelle on lutte depuis si longtemps: c'est l'anéantissement du salariat. Voilà le mal social! et combien était vraie la parole de Ledru-Rollin: « De toutes les servitudes, le salariat est la pire ». Effectivement, puisqu'il ne présente ni aucune solidarité, ni aucune sûreté pour le travailleur, le salaire est exposé à diminuer ou à augmenter, suivant que le travail est en hausse ou en baisse; c'est-à-dire, si le travail est en surabondance, l'ouvrier ne fait pas de mise à prix, il est recherché, le salaire augmente. Si le travail est moindre, l'ouvrier inoccupé fait une mise à prix, au rabais, le salaire diminue.

Le seul remède qui puisse être préconisé, c'est l'association, mais l'association sage, économique, d'une éqonomie ménagère, celle de la fourmi qui met de côté pour l'hiver, et qui livre tous ses moyens pour la bonne administration de sa république.

(Nous avons indiqué plus haut, le système à notre avis, qui devrait être appliqué pour l'organisation des sociétés ouvrières).

Alors la part de bénéfices vient augmenter le salaire, en donnant à tous la satisfaction attendue, puisque les besoins personnels seront assurés pour longtemps.

Personne n'ignore qu'en France, si les grèves surviennent, elles sont dues à ce que les salaires sont trop bas et parfois insuffisants; la France n'étant pas un pays de production à bon marché, les produits y sont d'un prix trop élevé pour l'ouvrier, lorsqu'il traverse des périodes de chômage ou de maladie.

O! travailleurs des villes, travailleurs des champs, si vous aviez compris la prévoyance ce serait elle qui sauvegarderait vos intérêts en vous donnant des conseils comme le meilleur des Mentor.

Vos revendications seraient écoutées, car vous auriez la force et le droit de votre côté.

L'ouvrier, qu'est-il seul? rien!

Qu'êtes-vous tous, vous aidant, vous groupant, vous soutenant? Tout.

Si vous êtes bons juges de vos intérêts, si vos sentiments d'hommes libres ne sont pas atrophiés, si votre choix est bien fait, s'il est raisonné: plus de grève.

Si votre choix est mal fait, si votre raison n'est pas d'accord avec vos besoins, si vous n'avez pas la patience nécessaire pour la transformation de vos intérêts, vous recommencerez ces grèves qui vous ruinent et vous annihilent.

Vos exploiteurs vous connaissent, ils savent que vous êtes de bonne composition et qu'un semblant que l'on vous accorde, vous vous en contentez momentanément, quittes à retomber plus tard dans les mêmes errements.

La prévoyance est de droit absolu chez l'ouvrier, s'il sait apprécier tous les bienfaits qui en découlent, il verra qu'elle élargit l'intelligence, en lui découvrant des horizons d'égalité qui l'aideront à conserver sa dignité, son repos, son honneur.

Elle lui donnera des vertus, et ces vertus ne seront pas des moindres, car elle l'attachera à sa famille, lui créera de douces relations, lui fera ac-

quérir l'instruction sous toutes les formes : sous le
rapport de ses intérêts, sous le rapport de ses études spéciales économiques qui l'intéresseront dans
l'examen des difficultueux détails de l'administration de son épargne.

La prévoyance lui fera la vie plus agréable, plus
heureuse, parce qu'elle lui montrera le travail
comme une nécessité pour son économie.

Elle le rendra à lui-même, en lui faisant pres-
sentir les approches d'une existence de vieillesse
qui ne sombrera pas dans la pauvreté.

Elle lui évitera les mauvaises rencontres, les
endroits malsains, *les assommoirs de toutes sortes*, où se puisent tous les vices qui rendent l'homme
à l'état de la brute, et où s'enterre fidèlement dans
des absinthes journalières le produit du travail de
sa semaine, en même temps que sa santé ; car il
aura à cœur de se préoccuper de l'avenir.

La prévoyance lui donnera le goût de l'épargne,
il contractera l'habitude de fixer le budget de ses
dépenses, eu égard à ses ressources. L'ordre ne
sera plus pour lui qu'une routine, accompagnant
l'honnêteté, la justice, la constance et la générosité,
sans faiblir, parce qu'il aura acquis les lumières
par suite des dures leçons de l'expérience ; il emma-
gasinera le sens moral, car c'est là qu'il trouvera
son bonheur ; lui, qui d'ordinaire vit au jour le

jour, comprendra que les moments de chômage, de maladie doivent être réservés.

Alors, une ère d'espérance s'ouvrira et il se sentira plus fort.

En servant d'exemple à ses enfants, il sera un éducateur.

Son devoir sera rempli vis-à-vis de la société, de laquelle il n'aura plus qu'à réclamer ses droits.

Ce n'est pas à dire que la Société des Prévoyants de l'Avenir soit la panacée universelle pour rendre heureux tous les hommes; les économistes distingués et jaloux s'en paieraient à cœur joie; si, à cette place, il était émis une semblable appréciation, nous dirons seulement: le système Chatelus, à notre opinion, est le seul, qui se rapproche du moyen pour unir et pour grouper tous les hommes, en leur procurant des compensations généreuses, que n'ont jamais offerts les autres systèmes où l'idéal avait une prépondérance sur l'application pratique.

Les malintentionnés et les pingres ergoteront sur le chiffre de la rente, et ne verront que le côté étroit, mesquin, sans se rendre compte qu'une révolution économique ne peut avoir d'effet qu'autant que le temps l'a consacrée.

Qu'ils sachent bien que si nos pères ont fait la grande Révolution, il y a un siècle, ils ne l'ont pas aite pour eux seuls, ils savaient qu'elle ne leur rofiterait guère, et que la jouissance de la liberté e pouvait être que pour les générations futures.

Serions-nous dégénérés pour ne pas faire pour es nôtres, ce que nos pères ont fait pour nous? Ce erait à se demander si nos aïeux, en nous donnant la liberté, avait laissé une race abâtardie par 'égoïsme et la bêtise; il n'y a que des imbéciles ui raisonnent ainsi, ils sont indignes de faire partie d'un mouvement social.

Nous avons vu que les essais Saint-Simoniens, les Icariens, le Fourriérisme, le système de Proudhon, etc., n'ont pas fourni un aliment aussi substantiel au développement socialiste à la grande famille des laborieux, tout en constatant que les moments étaient aussi critiques à leur époque, qu'ils peuvent l'être aujourd'hui. Seulement, l'esprit général était plus attaché aux mouvements politiques et religieux, l'intérêt y était moins ardent, parce qu'il existait une sorte de chaos gouvernemental qui ne favorisait pas les choses d'alors.

Il est certain que notre pays en ce moment se ressent de besoins économiques, ces questions sont plus à l'ordre du jour au détriment des grands mouvements politiques et religieux.

La fin de ce siècle, sera tout entière à cet ordre d'idées pour les réformes d'économie sociale.

Nous devons donc préconiser la Société des Prévoyants de l'Avenir en la régularisant intelligemment car elle comporte un élément de concorde et d'union pour régénérer l'humanité.

Elle fait de l'économie sociale, en s'adressant à tous les citoyens; elle prétend faire de son capital un bien commun, qui servira dans un temps au besoin du pays.

Il faut que ce capital soit sans reproche; cela lui sera facile, puisque ce capital appartiendra à tout le monde.

C'est prévoir l'avenir et la prospérité du pays tout entier.

Ce capital sera patriote, car, le jour où la patrie en danger le demanderait, les prévoyants n'oublieront pas qu'ils ont en elle une mère chérie; ils donneront non seulement leur argent, mais lui offriront encore leur sang pour la sauver.

En attendant, grossissons sans cesse nos rangs, et notre capital deviendra formidable.

Que les pessimistes ne tremblent pas, l'argent se placera et produira toujours d'une façon honnête et légale, quand il sera employé pour une cause comme celle des prévoyants.

La Société des Prévoyants de l'Avenir élève,

anobli le citoyen qui vient à elle ; parce que ce qu'elle veut, c'est que tous les hommes soient heureux et jouissent en paix de leur épargne ; en outre, elle les fait meilleurs, parce qu'ils acquièrent une expérience de l'économie sociale pour leur permettre de diriger eux-mêmes leur économie privée.

Quelle idée plus belle peut-on trouver que celle de Chatelus, groupant après dix années d'existence cent cinquante mille personnes pour combattre la misère ?

Que pourraient penser tous nos grands humanitaires à qui des statues ont été élévées sur nos places publiques pour les services qu'ils ont rendus, s'ils sortaient de la tombe ? Certainement, ils s'inclineraient religieusement, en demandant à marcher de pair avec ce citoyen, si grand dans sa simplicité, si logique dans sa création.

Nous ne cédons pas à un mouvement d'enthousiasme, mais à celui de la raison, en adressant à Chatelus l'éloge qu'on doit à ceux qui ont droit à la reconnaissance des peuples.

Sa place est marquée parmi les grands hommes, les véritables bienfaiteurs de l'humanité.

Sa page d'histoire est dans ces quelques lignes, et dût-elle déplaire à quelques crétins, qui ont prétendu qu'il avait fondé la Société pour « gueulletonner », l'auteur se fait un devoir de le venger ici en flagellant d'importance cette catégorie d'idiots.

C'est par la Société des Prévoyants de l'Avenir que la fortune publique s'amoncellera, mais par compensation, c'est par elle aussi que la répartition des richesses s'opérera, sans secousse, sans trouble, sans grève, sans révolte, sans révolution, car sa mission est précisément de combattre ces fléaux, autant de plaies sociales qui gangrènent l'humanité.

Comme logique, elle épuisera la critique, hélas! si facile, quand il s'agit d'une œuvre aussi magistrale, ayant la force et la puissance de ne rien bouleverser.

Les institutions, les dogmes, les sectes, les opinions, les partis sont respectés. Elle laisse au progrès le soin de se détendre avec le temps, elle lui facilite son œuvre en lui ouvrant une voie de conciliation et de réconciliation, lui assurant le terrain le plus solide pour éclaircir toutes les questions en attirant toutes les politiques les plus opposées, toutes les religions les plus diverses pour s'entendre humainement.

Il faut le dire, malheureusement, les politiques et les religions sont les ennemies nées de la question sociale, ou du moins pour la conduire à sa solution; en ce sens, qu'elles ne se sont jamais accordées, mais par opposition, en tirant à elles le plus possible, à leur détriment commun.

Elles n'ont jamais eu l'accord parfait et n'ont jamais pu fournir l'unité nécessaire pour combler leur rancune.

Toute la science sociale est là: l'unité, cette unité dont l'œuvre de Chatelus se manifeste hautement et d'une si brillante façon.

En outre, la Société des Prévoyants de l'Avenir fait une science sérieuse de l'économie sociale, en sauvegardant les intérêts communs d'une Société qui grossit; menaçant même, avec succès, d'envahir notre nation, et qui, espérons-le plus tard, aura comme vaste champ le continent européen.

L'économie actuelle en restant entre les mains des capitalistes est sans profit pour l'humanité; son caractère change si elle est transformée; c'est-à-dire, si elle est accompagnée des principes de la prévoyance et de l'association elle devient féconde, utile, nécessaire, sans être préjudiciable à l'intérêt individuel.

Chacun apportant son épargne réglementée, uniforme, elle se grossit de toujours en toujours, concourant perpétuellement aux soulagements humains en même temps qu'elle sert aux besoins du pays.

Bien des écrivains socialistes, entr'autres Proudhon déjà cité, avait l'intuition de l'économie sociale, il disait : « L'économie sociale est un vaste « système de balance, dont le dernier est l'égalité ; « l'économie sociale est plus aujourd'hui, une « inspiration vers l'avenir, qu'une connaissance « de la réalité ».

Avec quel sentiment de fierté une nation ne verrait-elle pas tous ses membres, ayant l'égale richesse produite par l'épargne, qui deviendrait une fortune nationale, dont tous les individus jouieraient du même intérêt de cette commune économie, sans troubler celle des particuliers.

C'est là ce qui constitue la nature de la Société des Prévoyants de l'Avenir, administrant l'épargne de tous, par un contrat qui procurera à tous les membres un revenu pour leur donner une meilleure subsistance sous n'importe quelle apparence ; et, par un effet tout puissant de l'association, fera que cette économie de la masse deviendra légitimement l'économie de la nation.

Cette consécration, permettra alors au capital national de maintenir l'équilibre du système social.

La gérance de cette association, faite par tous, sera le plus sûr garant de sa solidité.

Elle assurera la richesse du pays en forçant les lois caduques ou fortement ébréchées à se transformer pour le bien général, tout en respectant les fortunes privées qui bénéficieront de ces lois nouvelles, plus en conformité avec le progrès.

C'est alors que l'économie sociale s'identifiera avec la politique, en ce que, devenant surabondante, elle engagera ce capital de réserve à se répartir dans les moindres organes de l'Etat, dans les administrations reconnues par lui, dans les Sociétés privées, dans le haut commerce, dans les puissantes industries; et, en élevant plus haut son but, à la science et aux arts; puisque ce capital sera nécessaire à la sécurité de l'Etat lui-même.

L'économie aura comme étendue le plus vaste champ, puisque ce champ sera la nation toute entière.

Elle sera sans limite, puisqu'augmentant toujours et considérablement, il n'y aura plus à craindre les famines ou les autres fléaux qui frappent l'humanité, elle se trouvera séante pour parer aux éventualités.

Son libéralisme s'étendra dans des proportions naturelles, assurant à la démocratie le soin d'appeler sous son drapeau tous les enfants du même pays, en fournissant au monde entier un exemple salutaire à tous les peuples.

L'idée de Chatelus est une idée troublante, elle peut devenir le levier que demandait Archimède,

O.

son système est si simple, qu'on est étonné de ne pas l'avoir eue plus tôt.

Plus haut nous avons dit qu'elle ne dérangeait et ne divisait rien, elle accentue davantage nos usages en démontrant l'utilité de notre système monétaire.

Ce système comme on le sait, a souvent été combattu comme moyen pour les échanges, nous trouverons ici son application la plus élémentaire.

Des économistes rêvaient et vulgarisaient le blé comme intermédiaire des échanges, sans examiner au préalable les difficultés d'une bonne conservation de ce produit de la terre, ils prétendaient trouver dans le froment une divisibilité, offrant plus de sécurité dans l'échange, en même temps qu'il servirait à la consommation dans les cas d'urgence.

Toutes les façons de voir sont respectables, certainement, mais il est à se demander dans quel état cette monnaie se trouverait au bout de six mois, en admettant quelle soit remuée deux fois par jour pour le trafic. En traitant l'absurde par l'absurde, on peut dire sans jeu de mots, qu'elle se trouverait en farine après quelques jours d'emploi.

Et quelle farine !

Les métaux que nous possédons, l'or et l'argent,

sont de composition particulièrement aptes à rendre le service qu'on réclame à la divisibilité, mais encore à la propreté, beaux à l'œil et au toucher.

Leur espèce et leur nature leur permettent toutes les combinaisons, avec l'avantage de ne pas s'oxider, de ne pas se ternir et de conserver un éclat brillant digne de leur valeur.

Monnayables plus que toute autre marchandise, ces deux métaux ont la qualité, sous le plus mince volume, d'être transportables sans courir le risque d'être avariés en cours de route par l'eau, l'air, le feu, comme le serait exposée une autre marchandise monnaie.

Il faut de la logique, et pour répondre aux transformateurs du système monétaire, nous leur demanderons comment ils placeraient leurs grosses économies, si leur fortune se montait à la représentation de quelques millions de francs ; ils seraient obligés d'employer, non pas une caserne, mais des casernes entières comme coffres-forts.

Comme c'est voyager dans le domaine de l'utopie; nous ne nous y arrêterons pas plus longtemps pour revenir au chapitre de l'économie où nous vulgarisons l'or et l'argent comme moyens intermédiaires les plus pratiques pour les échanges.

L'économie est donc une science qui étend son influence sur les intérêts généraux.

Avec la prévoyance, c'est le pilier fondamental de l'œuvre de Chatelus.

Si des écrivains autorisés voulaient entreprendre de démontrer la beauté de ce système, si les journalistes soucieux de leur talent et de leur popularité, examinaient sérieusement cette nouvelle institution qui révolutionnera et passionnera le siècle prochain, ils feraient avancer cet esprit d'association à leur honneur et à leur gloire.

Si les hommes de 1830 n'avaient pas vécu des préjugés de leur époque, s'ils avaient entrevu l'avenir, il n'est aucun doute qu'ils se seraient emparés de l'idée de Chatelus, ce qui ferait qu'aujourd'hui la Société des Prévoyants de l'Avenir aurait donné des preuves de ses bienfaits, au profit de tous.

Il est en outre certain qu'ils ne se seraient pas laissés solliciter longtemps et se seraient ralliés à la solution de la question sociale, en s'entourant de tous les éléments pour la faire fructifier, par la propagation d'écrits ou de paroles en même temps que par la pratique.

Ils ont cherché, et à la place de leur rêve ils auraient défendu l'œuvre comme étant le précurseur d'un bouleversement économique social ; malheureusement, la racine de leur science se trouvait dans la théorie ; sans qu'ils puissent entrevoir qu'à la fin du siècle une découverte semblable démolirait d'un seul coup les édifices si bien construits par leur imagination ; et c'est avec cette monnaie dont ils voulaient briser la valeur que se dégagerait aujourd'hui l'enseignement humanitaire de l'économie.

Eh bien, c'est avec elle que se fera l'unité, et c'est sur elle qu'est fondé l'avenir; la pièce de un franc que la Société des Prévoyants de l'Avenir réclame comme épargne, fera les millions de l'économie sociale; ils grossiront et seront nécessaires à nos enfants pour leur complète émancipation.

Ces millions seront humanitaires, puisque chaque individu jouira du même intérêt.

Ils seront philosophiques, puisqu'ils seront la raison et la justice; ils seront moraux, puisqu'ils éteindront les vieilles haines que le capital a toujours amoncelées.

C'est une organisation neuve, avec un sang nouveau, qui s'infuse dans les grandes artères de la Société, en prenant la nouvelle voie de la civilisation et du progrès.

L'ÉTAT ET LA SOCIÉTÉ DES PRÉVOYANTS

Un chapitre qui prend place tout naturellement dans ce volume, est celui du rôle de la Société *des Prévoyants de l'Avenir* vis-à-vis de l'Etat.

Il nous a été déjà demandé par des gens de bonne foi, pourquoi cette Société ne se fait pas reconnaître d'utilité publique par l'État, afin de lui permettre de profiter immédiatement des faveurs accordées en pareille circonstance, et dont tant d'autres Sociétés profitent.

Nous considérons qu'il n'y a aucune similitude entre la Société des Prévoyants de l'Avenir, et celles qui se font, ou ne se font pas reconnaître ; généralement, ces Sociétés ont des besoins, et la preuve de leur demande en reconnaissance d'utilité publique en est une des causes.

Leurs statuts, en ce qui concerne les principes

de la démocratie, sont loin d'approcher ceux de notre brillante association.

Les statuts de la Société des Prévoyants de l'Avenir sont infiniment au-dessus des autres, aucune Société ne presente cette particularité de l'unité.

Les autres, sont faites pour des classes et non pour la généralité, elles sont créées au profit de quelques intéressés, sans souci de la masse.

Ici, nous déclarons que toute société, quelle qu'elle soit, qui recherche des dons, qui se fait subventionner, est une société malade, souffrante, épuisée, puisqu'elle ne peut se suffire ; et que les membres qui s'efforcent de la soutenir pour en profiter, sont semblables aux mendiants qui tendent la main au public pour vivre, car les subventions qu'ils reçoivent, c'est l'argent des contribuables.

Pour la Société des Prévoyants de l'Avenir, la reconnaissance d'utilité publique par l'Etat, serait en dehors du devoir, précisément en raison du rapprochement suffisamment établi entre cette Société et l'État.

La Société des Prévoyants de l'Avenir qu'est-elle ? La Nation.

L'État qu'est-il ? La Nation.

La logique ne peut avoir de controverse : c'est la nation qui forme l'État, et non l'État qui forme la nation, cela peut paraître une des naïvetés de

la Palisse, mais en résumé: sans nation, pas d'E-
tat.

L'Etat n'est donc que le résultat de l'union de
tous les citoyens qui, par convention, prennent
l'homme, ou les hommes, capables de les repré-
senter, et reconnus, par léurs aptitudes spéciales, propres à appliquer les lois, et à en apprécier
les effets.

Aussi, sont-ils choisis de préférence dans ceux
dont la facilité de parole est reconnue, et dont les
études ont été particulières pour cette science;
donc, la nation se gouverne conformément à une
loi qui émane d'elle-même.

L'Etat est la Société civile, il représente la
justice, la force, les conventions.

La justice, parce qu'il doit en être le protecteur
et le gardien vigilant.

C'est le grave gérant administratif des intérêts
communs, c'est l'exécuteur des lois, c'est le protecteur, c'est l'aide, c'est le guide des institutions
nationales; il doit rechercher tous les moyens pour
défendre et signaler le bien-être; il doit même y
coopérer dans le cas ou certaines institutions,
certaines sociétés philanthropiques, ont besoin
momentanément de soutien, tout en conservant
son indépendance, afin de rester toujours libre vis-
à-vis la nation.

Par contre, la nation lui doit compte de ses actes, de ses découvertes, de ses transformations, de tout ce qu'elle produit, de tout ce qui existe; enfin de toutes les circonstances qui pourraient se trouver en opposition avec les lois.

Il doit demander aux religions qu'elles sont leurs pratiques, leurs doctrines, leurs cultes, pour éviter un second Etat, qui le mettrait en suspicion lui-même.

Il doit examiner toutes les associations qui se forment, c'est à lui à apprécier si elles peuvent exercer une influence néfaste sur l'ensemble de la masse, enfin sur tout ce qui pourrait avoir un caractère public.

Là, est son rôle.

Il en sort, s'il empiète, s'il ne sait pas se circonscrire, s'il s'occupe de la vie intérieure de ses membres, car il doit donner l'exemple, du respect de la vie privée.

En un mot, le peuple lui délègue sa souveraineté, l'Etat doit donc en être le dépositaire sacré.

Comme gouvernement, il ne doit pas être un joug, il doit donner au contraire des gages de sa confiance, et c'est ainsi qu'il prouve sa force, en ce qu'il est l'exécuteur des lois au profit de la nation, en la défendant contre les attaques entreprises contre elle.

C'est lui qui donne les récompenses aux plus méritants, en appliquant les peines à qui se les attire.

L'Etat fait observer les conventions, parce que les lois ont été arrêtées et votées en séance publique, raisonnées et discutées par la science infuse des coutumes et des usages consacrés par l'habitude de la nation, elles peuvent ne pas être des lois naturelles, mais suffisamment et expressément nécessaires pour l'humanité.

Elles constituent le code duquel aucun individu ne peut s'écarter sans porter préjudice à la Société.

Elles défendent de toute leur force chaque individu qui, s'unissant à tous, respecte tout et lui-même, en observant strictement la convention établie.

Outre que les hommes sont joints par des liens naturels, ils ont dû s'attacher par des liens sociaux qui les distinguent, et qui en font un peuple, dont les attaches sont de toute durée et suffisamment solides pour se défendre contre toute éventualité.

C'est donc par ce motif, que l'Etat, étant la nation elle-même, la Société des Prévoyants de l'Avenir n'éprouve aucun intérêt d'obtenir la reconnaissance d'utilité publique, en considération de sa prérogative d'être issue de la nation. En outre, elle serait démoralisatrice eu égard à la loi qui régit la reconnaissance, le fonctionnarisme d'Etat détruirait la liberté individuelle, et la grande idée de la Société des Prévoyants de l'Avenir ne pourrait plus progresser, précisément à cause de la tutelle imposée par l'Etat.

L'Etat doit être protecteur, et il lui suffit, pour la surveillance qu'il applique à toute chose, de rester en conformité avec l'équité et la justice.

Avec la reconnaissance, la Société des Prévoyants de l'Avenir s'exposerait à sombrer dans des rouages administratifs, trop séculaires, hélas, pour le bon fonctionnement d'une Société aussi considérable et à qui l'avenir est réservé.

Personne ne peut contester l'incompétence de l'Etat, comme commerçant, fabricant, industriel, et même administrateur.

Où mènerait-il les intérêts des prévoyants, quand ceux-ci auraient abandonné la direction de cette Société qui leur est propre?

Comment administrerait-il?

Que ferait-il des statuts?

On verrait alors une chose pénible, le socialisme d'Etat qui régirait en s'imposant.

Au lieu d'être le socialisme de l'avenir il redeviendrait le socialisme du passé.

L'évolution sur laquelle on compte, resterait dans l'ombre, si elle ne tombait dans le néant.

Ce serait le socialisme autoritaire, basé sur le pouvoir d'un gouvernant, ainsi que cela se pratiquait au temps de la monarchie.

Si nous voulons ne pas être neutralisé dans nos efforts, faisons nos affaires nous mêmes ; nous y trouverons une satisfaction dans la nécessité de l'entreprise, en ayant l'orgueil de démontrer que les choses les mieux faites sont celles que l'on fait soi-même.

Ecoutons Hobbes disant :

« C'est une véritable union de toutes les person-
« nes en une seule personne, en vertu d'un pacte
« de chacun avec chacun : Je concède à cet homme
« ou à cette assemblée l'autorité et mon droit de me
« régir, à la condition que toi aussi tu transfères à
« cet homme l'autorité et ton droit de te régir. »

N'est-ce pas faire l'abandon complet de ses facultés intellectuelles et morales de se reconnaître insuffisant à régir soi-même ses droits.

Eh bien ! c'est ce qui arriverait à la Société des Prévoyants de l'Avenir : elle courrait le risque de se laisser mal régir sans autre garantie que sa naïveté.

Comme nous aimons mieux cette phrase du
Contrat Social, de Jean-Jeacques-Rousseau:

« Chacun de nous met en commun sa personne
« et toute sa puissance sous la suprême direction
« de la volonté générale, et nous recevrons en
« corps chaque membre comme partie indivisible
« du tout ».

On dirait que ce passage a été écrit spécialement
pour les prévoyants.

Que peut faire à l'Etat que la Société des Prévoyants de l'Avenir marche sans son concours,
sans ses subventions, qui sont prises dans la poche des contribuables, par conséquent dans la
poche des prévoyants. Ne serait-ce pas illogique?

Au lieu de quémander, la Société des Prévoyants
de l'Avenir, offre; elle devient donc une force pour
l'Etat, et c'est ce qui donne la mesure de sa puissance.

Plus que partout ailleurs l'association est nécessaire en France, car notre pays manque de
forces vives, c'est donc une force puisssante que
celle d'une Société qui est toute la nation elle-
même, laissant à l'Etat la disposition de tous ses
biens pour le jour où les besoins se manifesteront.

LA FEMME PRÉVOYANTE

Un des caractères les plus remarquables de la Société des Prévoyants de l'Avenir est sans contredit celui de la « femme », acceptée au même titre que l'homme.

Elle apporte les mêmes devoirs.

Elle obtient les mêmes droits.

Et c'est de toute justice.

La vie humaine est une épreuve dans laquelle le mal moral existe par l'ignorance des hommes.

L'instruction et l'éducation sur le compte de la femme sont faussées par les lois, les coutumes et les habitudes.

Le raisonnement, où plutôt le déraisonnement, a amené beaucoup d'injustices dans tout ce qui a été exprimé contre elle.

Nous ne jugerons pas la femme dans son existence privée, nous la prendrons pour examiner son rôle social.

Les moralistes prétendent que la femme ayant été créée après l'homme, est pour l'homme ; et, qu'ainsi, elle doit être mise en tutelle.

Bonne ou mauvaise, c'est la raison donnée, mais cela ne veut pas dire que l'homme serait quelqu'un sans la femme.

La nature, depuis la création, s'est expliquée, en faisant agir son principe essentiellement générateur, de l'un avec l'autre ; et non l'un sans l'autre ; l'homme est le germe, la femme est le sillon.

Ce qui ne veut pas dire encore qu'elle doit seulement suffire à la propagation de l'espèce humaine, car elle a en plus des qualités morales appréciables pour en faire la compagne fidèle qui complète l'homme, sous toutes les formes et sous toutes les apparences.

A part les attributions de sexe, tous les deux agissent de même, pensent de même ; l'homme doit donc reconnaître à la femme la part d'affection dont elle est susceptible envers lui ; et qui se développe en dehors du rapprochement sexuel, qui la rend son égale.

On ne peut nier, puisqu'on est à même de le vérifier, que dans les pays où la femme est assujettie à l'état d'esclave, ou soumise à la brutalité des lois, ou même à l'état secondaire, la liberté n'existe pas.

Cette particularité doit donc engager le législateur à agrandir les mailles du Code en faveur de la femme, sans lui permettre pourtant des fonctions publiques; dont elle-même serait génée parfois, et qui la rendrait ridicule à de certains moments.

En partant du principe que l'homme doit sa personne à la patrie, comme marin ou soldat, que sa force doit être employée aux gros travaux de l'agriculture, de l'atelier, ou dans une industrie, ou dans un commerce quelconque, la femme doit être sa compagne pour adoucir les brutalités du sort, son épouse pour les soins du ménage, être mère en même temps qu'elle sera l'éducatrice de ses enfants.

Il n'y a donc pas lieu de refuser à la femme le droit de réclamer sa place dans la Société, en lui accordant des bénéfices que l'homme a eu le soin de se réserver avec égoïsme, mais à coup sûr sans générosité, sous le fallacieux motif « qu'il ne faut toucher aux usages et aux lois anciennes, qu'avec des mains tremblantes ».

C'est s'accuser soi-même, que de prendre un prétexte aussi barbare, aussi peu en harmonie avec l'équité.

Les études fantaisistes qui ont été faites, pour ou contre la femme, ne sont pas des raisons motivées pour empêcher le développement de ce progrès qui doit s'accomplir forcément.

Il y a certainement de l'exagération dans les revendications formulées par la femme, mais il y a une part légitime qui doit lui être accordée, qu'elle mérite, et qu'on ne peut lui refuser de parti pris.

Le grief le plus saillant que l'homme ait contre elle, est assurément la coquetterie.

Est-ce bien un grief? n'est-ce pas plutôt un reproche que l'homme devrait s'adresser?

Une femme intelligente disait un jour:

« Nous sommes coquettes ; c'est pour l'homme « qui nous inspire son désir de nous voir propres, « belles et tentantes, et nous faisons ce qu'il veut « pour lui plaire; il se dégoûterait vivement de nos « personnes si nous nous abandonnions, et si la « franchise est encore de ce monde, l'homme « reconnaîtra qu'il est le seul coupable. Il faut « pourtant avouer que nous nous y prêtons bien « volontiers parce que nous y sommes toutes con-« verties », ajoutait-elle malicieusement en souriant derrière son éventail.

Cette femme avait raison; l'homme n'a donc pas à manifester une opinion contraire.

Il est énorgueilli d'avoir près de lui ou à son bras, dans un bal, dans un établissement public, ou sur la promenade ou à la ville, une «cavalière» sur laquelle les yeux de la foule sont attirés par sa toilette, quand l'or et les brillants sont prodigués avec goût en étincelant d'un vif éclat.

La futilité de ce blâme est sans portée, si l'on veut observer que trop d'hommes ont ce funeste défaut et paraissent plus efféminés que la plupart des femmes coquettes, quand ils se «coquettisent» par des bagues en simili-brillants, épingles de cravate de même aloi, etc.

On voyait sur les boulevards du centre de Paris, il y a deux ans, des hommes portant des bracelets, il n'est pas rare d'en voir avec des corsets se tenir raides et serrés à la taille ; faut-il croire que c'est une diplomatie qui n'appartient pas seulement à la femme?

La coquetterie s'étendant jusque là, c'est à se demander si c'est pour faire la conquête de la femme, que ces messieurs se travestissent ainsi.

Est-ce caprice ou déviation de la colonne vertébrale? En ce dernier cas, nous avons constaté pas mal d'estropiés de cette catégorie ; et ils sont à plaindre réellement.

L'homme reproche à la femme « sa langue »; re-conventionnellement, elle exprime le même mécontentement à son compagnon d'existence. Qui de lui ou d'elle à raison?

C'est un procès pendant, comme on dit au palais, qui n'est pas prêt d'être jugé; aussi n'est-il ici que comme mémoire; en réalité il est de peu d'importance, et ne présente aucun intérêt pour le sujet que nous traitons.

Les erreurs et les préjugés sont seuls à combattre. En ce qui concerne la femme, la cause est assez sérieuse pour espérer que les sentiments de justice ne sont pas éteints chez ceux qui ont mission précisément de défendre un être physiologiquement plus faible sous le rapport musculaire, mais infiniment plus gracieux sous le rapport des formes.

Il suffit tout d'abord de se rappeler la tendre mère qu'on a eue, pour justifier des qualités du sexe féminin.

Quel que soit le côté où elle est placée, nous la trouverons toujours dans ses actes la victime de critiques acérées, parce qu'elle est femme, et qu'on ne veut pas lui laisser les moyens de se défendre elle-même.

Elle mérite plus de condescendance, et l'homme

serait plus grand, s'il s'avait élever la femme au lieu de l'amoindrir.

Si elle a des défauts, l'homme les possède; seulement, il juge avec ses nerfs, où la brutalité entre pour une large part, et comme il tape dûr (pour son profit) il en reste toujours des marques difficiles à disparaître, quand elles ne sont pas indélébiles.

De ces coups rudement appliqués, l'habitude a donc été prise de voir en la femme un être inférieur, « un homme arrêté dans sa formation », c'est un caprice des auteurs de la juger ainsi.

La nature est plus juste dans son acte, d'avoir fait l'homme et la femme distincts; elle ne s'est pas trompée; le sujet est assez délicat à traiter, mais pour en sortir, il est utile de déclarer que si la femme dans sa formation avait été continuée, pour être homme, au lieu de s'arrêter en chemin, comme on le prétend, l'humanité n'aurait pas eue à discuter longtemps, parce que deux hommes, soient-ils bien ou mal constitués, arrivent à une négative; l'homme et la femme sont une « positive » qui ne laisse aucun doute pour la génération. Ce sont deux êtres absolument indépendants l'un de l'autre, mais liés par des lois de rapprochements pour continuer le monde.

L'un, a des marques de virilité caractéristique,

10.

quand l'autre, à son tour, est caractérisée pour achever l'œuvre de la nature.

Ce n'est pas une fantaisie, c'est une réalité qui peut renverser l'opinion des détracteurs de la femme; ses organes sont absolument disposés pour le travail de la nature et forment un être parfait et non un être incomplet.

Cette situation n'est pas anormale, puisqu'elle se reproduit chez tous les animaux, et qu'elle est observée dans les plantes, les graines, etc.

Ce titre d'epouse fidèle, dévouee, généreuse, n'est-il pas le plus beau côté sentimental de son union, de son accord avec l'homme, ne renseigne-t-il pas plus que tout ce qui est écrit contre elle? Indépendemment de la faculté obtenue par sa nature à former l'unité de race, n'est-elle pas maîtresse de conduire sa destinée à sa guise?

Sa position est honorable, égale à celle de l'homme, et elle a droit à tous les respects.

Si l'on veut se donner la peine de l'apprécier, comme mère, sans être endigué par les préjugés, on ne saurait trop la vanter dans ce rôle.

Elle est placée au dessus de toute critique, de toute discussion; sa conception du genre humain laisse bien loin les défauts et les imperfections de son caractère.

Malgré toute la philosophie bizarre dont se sont

entourés les littérateurs modernes, qui veulent donner à la femme un rôle passif dans ce grand acte, nous nous plaisons à combattre leurs arguments absolument dénués de valeur.

Si le grain de froment était jeté sur un sol passif, jamais il ne s'ouvrirait pour laisser monter l'épi.

Semé dans une terre préparée, il subit son impression, celle-ci l'alimentant de tout ce qui lui est nécessaire, le fait développer, et rendre en épi, une quantité de grains que seule la terre à nourris.

Il en est de même pour la femme, le don que lui fait l'homme est le grain de blé; à partir de ce moment, c'est d'elle que la transformation s'opère, son rôle devient actif.

Par le phénomène de la fécondité, elle devient le second agent, qui est le plus nécessaire, pour prodiguer à l'enfant la force de voir le jour ; ses souffrances, la disparition des causes qui prouvent qu'elle va être mère, sont autant de considérations de son activité.

Est-il passif, ce rôle de la femme après le pénible et laborieux travail de l'enfantement ?

Il faut n'avoir jamais vu la mère, anxieuse, sur son lit d'épreuve, demandant à prendre pour la première fois, dans ses bras, l'enfant qu'on lui présente, pour ne pas être édifié sur la valeur des bourdes qu'on imprime sur la femme.

Cette physionomie où se peignait tout à l'heure le désespoir, la douleur, s'éclaircit à ce moment ; le bonheur et la joie se répandent comme une auréole autour du visage, qui s'illumine d'une expression de tendresse, de dévouement, d'amour, quand elle présente à celui pour qui elle se sacrifiera désormais, un sein à peine gonflé de lait, mais qui se remplira le lendemain, pour nourrir « le cher petit » jusqu'au jour où son estomac sera assez fort pour supporter une alimentation plus diverse.

Qu'est la paternité avec cet amour ardent, dévoué de la mère, qui est la créatrice ?

Trouver un calcul dans la maternité, dans ce cœur de mère, où se sanctifie ce sublime chant d'actions de grâces, non pour sa délivrance, mais pour ce sentiment éclatant d'amour maternel ou la femme se trouve tout entière, est une des profondes erreurs de laquelle l'homme doit revenir.

Nous reproduisons ici, une pièce de vers inspirée par la douleur d'une mère, dans un cruel moment où la vie allait abandonner son enfant malade. Nous déclarons n'avoir pu saisir cette profonde douleur comme nous l'aurions voulu.

Elle a été le prétexte du récit, dédié à un de
nos meilleurs poètes, Fabre des Essarts.

Un fervent disciple de la paix.

Un des nôtres :

DOUTE ET FOI

Au sincère Apôtre Fabre des Essarts

> Celui qui *n'a pas cru* en Dieu ne peut pas
> être un athée, c'est un ignorant.

Au pied d'un blanc berceau, sur la dalle, à genoux,
Une femme accroupie et près de son époux
Regarde son enfant, le fruit de ses entrailles,
Le doux lien d'amour des tendres épousailles.
Étendu, là, mourant, sur son blanc petit lit,
Affaibli, caressé par la mort qui le suit!
Un désespoir cruel atteint la pauvre mère.
Son regard est vitreux et sa plainte est amère,
Sous de longs cheveux noirs, son visage encadré
Porte sur ses beaux traits, le malheur acéré.
Elle parle, elle prie, elle jette un blasphème,
Disant à l'Éternel, le Dieu puissant suprême,
Des mots que la raison couvre de son bandeau.
Son œil est sec, hagard, rivé sur le berceau.
« Pourquoi m'avoir donné le bonheur d'être mère
« Si c'est pour me ravir mon enfant? O chimère!
« Injuste et cruel Dieu, mieux vaut pour moi mourir,
« Que de prendre mon fils, que j'aimais à nourrir! »
. . . .
Lui, le père, l'époux, se soutenant à peine,
Triste, souffrant, muet, retenait son haleine.
La tête basse et sombre, était debout près d'eux.
Écoutant ce langage aux durs accents, fiévreux.

Mais la main sur son cœur, où n'est plus l'espérance,
Se labourait la chair pour cacher sa souffrance;
Ah! qu'il devait souffrir, car ses ongles sanglants
Renouvelaient le feu de ses chagrins brûlants.

. . . .
Trop déchirant tableau qu'un semblable spectacle
Et pour les sauver tous, il fallait un miracle.

. . . .
« Il est mort, dit la mère. Ah! Ses pieds sont tout froids.
« Touche-les donc, tiens... vois, tiens... regarde ses doigts.
« Mon Dieu je vous en prie, écoutez ma prière,
« Et prenez en pitié la plainte d'une mère! »
Retombant épuisée en un mutisme affreux,
Elle-même prenait un teint cadavéreux.

. . . .
La longue nuit d'hiver, sur la triple infortune
Passa... Dans le malheur, le silence importune,
L'on n'entendit plus rien, qu'un souffle agonisant
Qui partait du berceau... Mais le Christ bienfaisant
Sur la croix de douleur, au plus haut de la chambre
Semblait les bénir tous, en ce mois de décembre.

. . . .
Et pourtant le matin, le docteur avait dit :
« Votre enfant est sauvé, s'il peut passer la nuit.
« Car le mal qui le ronge est une méningite,
« S'il va jusqu'à demain, je réponds de la suite. »
. . . .
La nuit a relevé son manteau ténébreux,
Et le ciel donne asile aux astres lumineux,
L'horizon s'éclaircit... un petit jour opale,
En rayons de clarté, s'infiltre dans la salle
Où cette pauvre mère, attendant le matin,
Est toujours à genoux, plongée en son chagrin.

. . . .
La tête de l'enfant sur l'oreiller repose,
Et sa joue est rosée... Une métamorphose!
Aux anges endormis dans leurs sommeils profonds
L'enfant leur ressemblait avec ses cheveux blonds.
Une fraîche sueur, autour de son visage
Perle son beau front pur, et bien heureux présage,

De la lèvre agitée, il exhale un soupir
Annonçant le réveil, celui de l'Avenir.

. . . .

Et le père, essuyant le front du peti ange,
Adresse au créa eur une action de louange.

. . . .

Maman!... dit une voix qui descendait du ciel,
Ici... l'on a parlé, dit la mère à l'appel,
Est-ce toi, mon enfant ?
. . . . Et l'homme, dans un geste,
Montre le blanc berceau, puis la voûte céleste.
Alors les deux époux, oubliant leurs douleurs,
Courbés et tout tremblants, laissant couler leurs pleurs,
Aux pieds du divin Christ firent une prière
A Dieu qui voulait bien protéger leur chaumière.

A tous les points de vue, l'état social de la
femme demande à se rapprocher de celui de
l'homme, car ses besoins sont les mêmes.

Notre siècle, troublé par l'erreur, fera-t-il un
retour sur lui-même, en activant davantage le
progrès à l'émancipation de la femme, dans une
proportion calculée et une mesure plus juste.

Nous avons été à même de voir combien la femme
a élevé la charité au rang d'un devoir social, pour
avouer franchement les qualités solides dont elle
dispose, concouramment avec les hommes ; les
coups d'épingles ne la touchent pas, parce qu'elle
sait bien ne pas les mériter, et que les égratignu-
res faites ne sont pas profondes.

Elle sait tirer parti de ce qu'on appelle sa faiblesse ; elle en fait sa force pour mettre à ses ge-

noux les hommes les plus vaniteux de leur vigueur, et se vantant de leur caractère trempé.

Elle vit de la vie actuelle par l'habitude, et si les institutions les appelaient à d'autres devoirs, nul doute qu'elles s'y soumettraient volontiers, car elles ont la qualité de s'assimiler à toutes choses, montrant à l'homme, sur cette transformation, une supériorité réelle et indéniable.

Elles sont de précieuses collaboratrices, peu faites pourtant pour des révolutions politiques, mais suffisamment conformées pour l'économie. Nous les voyons tous les jours, dans la Société des Prévoyants de l'Avenir, être soucieuses du mouvement progressif du capital et des adhérents, plus intéressée que n'est l'homme, en voulant tout savoir, tout apprendre, et appréciant à leur juste valeur des questions ardues; elles ne viendront pas défendre à la tribune le principe, mais elles applaudiront l'orateur qui aura compris et exposera, précis, l'ordre du jour.

Fidèles aux versements, coopératrices vigoureuses, elles deviennent de véritables commis voyageurs d'une œuvre qu'elles ont comprise, et dont elles apprécient la véritable portée.

En un mot, la femme est l'âme de la prévoyance, et il semble qu'elle porte en elle la quintessence d'un principe aussi élevé et aussi généreux. Les prévoyants sont heureux de posséder cette force qui n'est pas passive, mais qui, au contraire, est active; c'est avec elle que nous allons à la recherche de la vérité, aidés par elle, nous avons l'espoir de la découvrir.

Elle y apporte son cœur et sa raison.

Les prévoyants apportent leur force. Il est certain que c'est un élément de puissance, avec lequel on peut soulever le monde, à la grande gloire de cette solidarité et de cette fraternité nouvelles

Avec elle, nous attirerons la prospérité dans le ménage, dans la famille, sans en excepter le pays tout entier, au profit de la solution de la question sociale. Le but peut être atteint, puisque tous les membres de l'humanité se coalisent contre la misère, marchant tous la main dans la main, à la conquête d'une existence paisible, plus pacifique, moins trompeuse, que celle des songe-creux qui font de la philosophie; le dos au feu, le ventre à table, et qui, au résumé, se moquent de la civilisation, ne connaissant que celle du confortable.

LA PAIX UNIVERSELLE ET LES PRÉVOYANTS

Malgré tous les efforts de l'humanité à recher-
her les moyens d'éviter la guerre, il semble que
ce terrible fléau soit indispensable à la vie des
euples.

Les hommes très forts prétendent que c'est pour
établir un équilibre dans l'espèce humaine.

Braves gens, suicidez-vous donc, si vous croyez
que l'âge, les maladies, les accidents, les épidé-
mies ne soient pas suffisants à rétablir cet équilibre qui vous effraye.

Pour parler de paix, il faut parler de guerre.

Opposées l'une à l'autre, elles se tiennent ensemble par le procédé des extrêmes.

Pour définir la paix.

Il faut donc décider ce qu'est la guerre.

N'est-ce pas l'horreur dans sa toute puissance,
de voir un champ de bataille après l'action.

Les morts.

Les mourants.

Les blessés.

Les uns sur les autres.

En tas.

D'autres couverts à demi par leurs chevaux morts, ou meurtris, poitrail ou jambes, plaies saignantes, béantes.

Deux lèvres rouges d'où s'échappent la vie, ouvertes par une balle ou un éclat d'obus.

Instrument de crime.

Qui tue bêtement.

Lâchement, sans savoir d'où il vient.

Lancé au hasard.

Dans l'air.

Au loin.

Dans une masse d'hommes.

De chevaux.

De ferraille.

Le point de mire.

Sous la pression d'un doigt sur une détente.

Ou par l'action d'une mèche en feu.

Par qui?

Par un homme.

Lequel?

On ne sait pas

Cinq mille.

Dix mille.

Vingt mille.

Cent mille ont tiré.

Pourquoi?

On en sait rien.

Tout à l'heure, à eux, leur tour viendra.

Une balle, un obus, aussi lâchement, aussi bêtement, leur feront mordre la poussière.

Une mitraille qui ne fauche pas les épis.

Mais qui fauche les hommes.

Qui fait des abîmes dans une famille.

Dans une patrie.

Qui tue le fiancé d'une fille qui l'attend au pays.

Qui fait pleurer la mère.

Et qui leur apportera à chacune un deuil, au lieu d'une joie.

Car il a son affaire « le soldat », et de même que son compagnon d'armes, son ami, son cheval, ils vont mourir.

Le cavalier est impuissant à relever sa main pour flatter sa monture abattue.

Mais les yeux dans les yeux, l'homme et la bête se donnent un dernier et suprême adieu.

Puis encore d'autres.

Tombés à côté des affûts de canon démontés.

Ecrasés sur un monticule, en plein soleil.

En pleine verdure.

Et qui meurent en défiant le ciel,

Puis d'autres encore.

Semés çà et là, au milieu du sang coagulé sorti de leurs blessures, qui forme une nappe dans laquelle ils émergent, où leur empreinte restera quand ils seront relevés, comme pour déshonorer le sol funèbre.

Puis toujours d'autres.

Moissonnés à la fleur de l'âge par les raffales de plomb devant lesquelles ils se sont trouvés.

Encore.

Encore.

Et toujours.

Les uns râlants, affolés, cherchant une gourde imaginaire pour soulager leur gorge sèche et pleine de fièvre.

Les autres sans souffle.

Puis encore d'autres cadavres, ayant au coin de la lèvre ce caractéristique rictus de la mort, comme pour maudire les auteurs de leur désastre.

Et les ruines s'amoncèlent, dans la campagne, dans les bourgs.

Dans les villes, les bombes incendient.

Et les récoltes sont perdues, saccagées.

Et les édifices sont détruits, en ruines,

Le soleil éclaire ce carnage sans se couvrir d'un voile de deuil,

Et la nature ne s'endort pas pour empêcher de semblables crimes,

Sacrifices humains au profit d'une cause que les potentats ont le talent de rendre toujours belle, en s'appuyant sur le mot sacré de « patrie » pour électriser la fibre patriotique des victimes de leur ambition ou de leur orgueil,

Si une statistique avait été relevée de tous ceux qui ont laissé leurs os dans les plaines ou la guerre a passé, l'on frémirait à l'idée du nombre de combattants qni auraient servi plus utilement leur pays,

L'histoire, cette grande indiscrète, établirait que les peuples lancés les uns contre les autres, l'ont toujours été pour une cause futile, désordonnée, soumise aux caprices des monarques;

Fantaisie d'un tyran, pour faire d'un sol préparé pour la culture, un charnier humain,

La gloire d'un despote en jeu, pour compromettre l'existence de tout un pays,

La guerre!

C'est l'illogisme,

C'est l'inconséquence,

C'est l'assassinat,

C'est le meurtre,

C'est le déshonneur,

C'est la honte de l'humanité.

Elle est la provocatrice à la misère des peuples.

C'est par elle que l'ordre social est troublé.

Elle fait reculer les siècles au lieu de les faire avancer.

Quels que soient les arguments en sa faveur, au point de vue politique ou économique, elle porte dans elle, la haine et l'attentat, contre tout ce qui est juste et beau.

C'est loin d'être un système pour l'émancipation des peuples, au contraire.

Elle laisse l'animosité.

Elle empêche les rapports généraux.

Elle demande une revanche, et place les nations dans une situation d'offensive et de défensive qui trouble leur harmonie intérieure et extérieure.

Le mot « l'ennemi est là » rend le peuple sombre, car il se demande :

Quel en sera le résultat ?

C'est alors qu'il délaisse.

Qu'il abandonne les plus sérieux travaux.

Qu'il pleure sur les siens en s'armant pour sa sécurité et surveiller les portes entr'ouvertes pour empêcher l'ennemi de passer.

C'est la loi du plus fort.

Loi bête.

Brute.

Brutale.

Dans laquelle il n'existe aucune moralité.

La guerre.

C'est l'épilepsie de l'ignominie.

Enfants, femmes, vieillards égorgés.

Filles violées;

Pères assassinés.

Rien ne trouve grâce devant elle.

C'est l'humanité mise au rebut.

Supplices.

Tortures.

Tout lui convient.

On a voulu régir la guerre par un traité.

Ironie!

Un traité pour la guerre.

C'est faire une loi honteuse pour régir tous les crimes.

Pour voler votre sol, pour vous déposséder.

Et quand encore le vainqueur pose sa botte sur la gorge du vaincu, n'exhalez aucune plainte, car, si le poignard n'est pas une arme de guerre, le sabre ou l'épée le remplace plus avantageusement, et foin de votre vie.

Les armes dans la main des hommes.

C'est comme un voile de sang qui recouvre les yeux.

11.

C'est l'instinct du fauve qui s'élance sur une proie.

Mais ce n'est pas la justice.

C'est la bêtise des peuples.

C'est la conséquence de l'ignorance.

C'est l'effondrement de l'intelligence!

Voilà ce qu'est la guerre.

S'il y avait dans les guerres des causes de civilisation, reposant sur des idées saines de justice et de liberté, les plaintes seraient moins amères, car elles trouveraient leur prétexte, se justifiant honorablement dans un sentiment humain.

Elles seraient inspirées par la force du devoir; comme elles seraient imposées par l'action du droit.

Elle existe.

Elle existera encore.

Jusqu'au jour où les circonstances absolues l'empêcheront.

Des grandes âmes la combattent.

Des vrais amis de l'humanité.

Des philanthropes généreux préconisent l'arbitrage.

Nous en sommes partisan convaincu.

Mais comment peut-il se former, quand, sur notre continent, nous voyons tant de nations sous la tutelle des monarques?

Quand donc les peuples comprendront-ils que l'état normal de l'espèce humaine réside dans la paix?

La paix, qui renferme en elle-même la source de tous les bienfaits en même temps qu'elle attire la richesse et la prospérité.

Qu'ils sachent aussi que ce n'est pas par la diplomatie de nos hommes d'Etat.

Ce que l'on appelle des grands hommes d'Etat, ne peuvent être que des oppresseurs.

Ils opèrent pour le compte d'une politique,

Pour leur orgueil.

Pour les bénéfices honorifiques qui y sont attachés.

Sans parler de leur intérêt particulier,

Que les peuples mettent en avant leur fermeté,

Leur désir de rester pacifiques et conciliateurs.

Maîtres de jeter ou de recevoir le gant, sans prêter l'oreille et leur enthousiasme non raisonné, à ceux dont les intérêts dynastiques ou ambitieux sont à sauvegarder, par le moyen d'une déclaration de guerre.

La paix.

C'est la récolte.

La guerre.

C'est la ruine.

La paix.

C'est la raison.

La guerre.

C'est la folie.

Tel peuple guerrier est vainqueur.

Il ne devient pas plus riche que le peuple vaincu.

Ce n'est pas un phénomène.

C''est un raisonnement.

Pour vaincre,

Il s'est épuisé tout comme l'a été le vaincu.

Il ne peut pas demander plus que l'autre ne peut donner.

Les richesses épuisées en poudre ne se retrouvent pas. '

Le vainqueur sort parfois plus amoindri en hommes, car pour combattre et vaincre, il a offert plus de victimes humaines.

Le souverain qui, sous un vain prétexte, s'expose, par la guerre, à troubler les nations, est un criminel, soumis à la justice divine, en même temps qu'il est exposé au mépris de l'histoire.

La guerre dont il est l'auteur n'est pas éteinte, que de nouveaux ferments de haine, engagent aux représailles.

Si l'on voulait se donner la peine d'établir un tableau des dépenses occasionnées annuellement pour une armée permanente en l'attente d'une guerre, l'on serait confondu de l'addition des sommes dépensées inutilement et qui seraient d'une meilleure application; outre que l'armée sur le pied de guerre est une cause de démoralisation, par l'incertitude dans laquelle on vit, puisqu'on ne peut prévoir le sort de l'évènement final.

La Société des *Prévoyants de l'Avenir*, comme une mère en gestation, porte dans ses flancs tout le principe qui caractérise la paix, par son association nationale.

Elle serait le véhicule qui conduirait naturellement à la défense de la mère-patrie et rendrait impossible le cruel fléau de la guerre.

Tous les Français prévoyants, ayant à défendre leurs intérêts, deviendraient soldats à la première alerte.

Ce serait l'armée de tous.

Elle serait une école de paix, comme elle serait une école de guerre.

Elle ne coûterait rien, puisque tous les citoyens deviendraient les défenseurs d'eux-mêmes, en protégeant leurs foyers, leurs familles, le pays.

Ils se lèveraient tous comme un seul homme pour châtier les ennemis assez osés pour s'aventurer sur leur sol.

Quelle tactique pourrait-être employée contre dix millions de combattants de 18 à 50 ans, résolus à se défendre?

En admettant l'hypothèse que l'ennemi mette

en ligne sept à huit cent mille hommes, il viendrait s'échouer contre un rempart fortement trempé, décidé à vaincre.

Les brèches faites par cet ennemi seraient de peu d'importance.

Mais il est fort douteux que des adversaires, eussent-ils toutes les audaces, soient assez naïfs pour essayer de conquérir un pays, si nombreusement défendu et qui saurait fortement se fortifier.

La branche d'olivier viendrait d'elle-même se placer au plein cœur de la France, car notre bien-aimée patrie serait toujours le phare lumineux du Progrès.

Incontestablement, elle serait suivie dans son exemple par toutes les nations européennes, qui n'auraient plus que le but d'être à leur tour prévoyantes; pour jouir des justes effets de l'épargne, de l'économie et de la paix.

Ce serait alors le plus heureux des concours que les nations puissent organiser sous l'égide de la liberté.

Les barrières tomberaient comme s'ouvriraient les frontières.

L'entente deviendrait à l'Europe ce que la fraternité serait aux Français.

La guerre ne serait plus un moyen, parce que la paix deviendrait forcément universelle.

L'ORDRE DANS LE PRINCIPE SOCIAL

Outre que la grande loi de la solidarité vient s'emparer des actes de la Société des Prévoyants de l'Avenir, il est manifeste qu'une marche transcendante s'accomplit dans le développement du socialisme moderne,

Elle amène l'ordre, et rétablit l'équilibre par le bon sens, si longtemps mis hors de cause.

La Société des Prévoyants de l'Avenir, à l'encontre de tout autre socialisme mal défini, par conséquent mal compris, fortifie au lieu de démolir.

Les étais dont elle se sert, quoique invisibles, assurent à notre édifice social actuel une solidité qu'on ne retrouverait pas dans une reconstruction nouvelle.

La politique tend à être remorquée par l'évolution sociale qui la mine, c'est l'effet d'un progrès pour les intérêts de tous, parce que la politique, ne peut s'appliquer qu'à des partis, lesquels en tirent profit pour eux-mêmes, considérant ennemis tous ceux qui forment la minorité.

Il y a dans le socialisme de certains individus un esprit malfaisant de destruction et de brutalité; ces hommes croient qu'il est nécessaire de trancher dans le vif pour refaire « la Société » et qu'il faudrait « la tomber » pour qu'elle soit reformée à leur goût et à leurs besoins.

Politique de meurtre qui reconstituerait un monde nouveau, façonné par des manœuvres criminelles, qu'à un moment donné, mécontent de lui, un autre monde surgirait et userait du même stratagème dynamité pour le faire disparaître.

Deux générations sautant en l'air, il est à peu près admissible que l'extinction du paupérisme se ferait naturellement.

Dans cette prétention on ne peut nier que la question sociale aurait fait un grand pas en le « sautant ».

Leur devise qui cache le « on doit anéantir pour vivre » montre l'anomalie régénératrice en même temps que leur esprit atrophié.

Il serait véritablement curieux de savoir s'il est jamais venu à la pensée d'un chirurgien, prêt à amputer un membre gangrené, de tuer son malade sous le prétexte que la partie saine, entretenant la maladie, est contraire à son opération.

C'est ainsi que veulent procéder les hygiénistes de l'humanité.

Le rôle du chirurgien, c'est d'inspirer à la victime par de douces et bonnes paroles la confiance dont lui-même a besoin; l'homme de l'art, infusant l'énergie à son malade, pour conserver la sienne au moment de l'opération, lui transfuse une foi profonde sur la réussite de l'acte qui va s'accomplir; ce sont des ressources d'opérateurs, qui influent sur le caractère du malade en lui donnant la force de supporter toutes les douleurs.

Il en est ainsi de l'humanité, c'est l'état général qu'il faut soigner.

La conquête du terrain n'est rien, quand elle est faite par la violence ou le vol.

C'est d'abord la conquête de l'esprit, des sens.

C'est de démontrer la moralité du procédé.

La vertu de nos pensées.

De prouver que l'essence humaine est généreuse.

D'épurer ce qui en est faux par le raisonnement, pour la guider au combat, et lui assurer le succès avec les pieux effets de la justice.

La Société des Prévoyants se trouve en dehors de la fantaise des théories en entrant résclument dans la pratique, elle apporte l'ordre sans troubler

les institutions sociales qui veulent prendre place
à côté d'elle; en se réservant le droit de rejeter ce
qui sera contraire à son harmonie, tout en saisis-
sant avec joie ce qui lui sera utile, pour unifier
cette harmonie et lui donner une force plus
grande.

Elle est une.

Indivisible.

L'obligation de l'un est l'obligation de tous; c'est
ce qui fera sa grandeur et sa force, en même
temps qu'elle est l'ordre dans le socialisme.

Il est facile de s'éclairer que c'est par le perfectionnement intellectuel du principe social que
procède la Société des Prévoyants.

Son but de vaincre la misère l'entraine à toutes
les combinaisons de ce principe, par la perspective
d'un avenir plus heureux.

Elle veut arriver à transformer en bonheur les
misères humaines, c'est une voie préparée pour
toutes les générations.

C'est la marche vers le bien.

C'est la marche vers l'avenir.

LES PARASITES DE L'HUMANITÉ

Le corps humain livré à l'autopsie, fait découvrir sous le scapel de l'anatomiste, les causes morbides qui ont déterminé la mort prématurée.

Si la science avait été prévenue à temps, cet homme, à l'état de cadavre, aurait eu de longues années à vivre en supposant que les soins aient été appliqués dans la juste valeur des remèdes pour amener la guérison, au lieu de l'anéantissement de l'être.

Comme le corps humain, toutes les institutions sont exposées à mourir faute de soins, c'est-à-dire, à sombrer, parce qu'elles portent en elles, à côté de leurs principes vitaux, d'autres principes de destruction qu'on peut éviter par la fréquence des soins intelligemment apportés.

La Société des Prévoyants de l'Avenir, à l'examen, présente plusieurs catégories d'ennemis. Ce

sont des parasites et quels que soient les noms
donnés: microbes, vibrions, acarus, cirons, tenias,
il n'en est pas moins vrai qu'ils vivent aux dépens
des corps sur lesquels, et dans lesquels ils s'atta-
chent.

Ainsi, le parasite de l'humanité n'est pas difficile
à trouver, il s'agite beaucoup, et ses mouvements
le font découvrir sans le concours d'un objectif
quelconque, il est très encombrant et ses piqûres
sont parfois mortelles.

Quand vous rencontrez un homme dix fois millionnaire, dont tous les besoins sont assurés par
cette fortune considérable, qui ramasse encore,
vous reconnaitrez le parasite de l'humanité.

Autour de lui se trouvent des quantités de petits
cirons qui profitent également, en se contentant
des miettes que les insatiables laissent tomber;
ceux-là arrivent à se faire deux, trois, quatre
cent mille francs de rente.

Ils ont l'horreur de l'égalité et traitent avec désinvolture la question sociale.

La question sociale, c'est la leur, celle de dévo-
rer pour leurs appétits tout ce qu'ils rencontrent
sous la dent.

Ils pratiquent toutes les théories.

Ils achètent tous les silences et abandonnent de
grosses sommes pour les paroles.

S'il était possible (ce n'est pas difficile) de découvrir les moyens par lesquels ils ont accumulé des richesses aussi considérables, on reconnaîtrait que c'est au prix de bien des misères, bien des pleurs, bien des suicides.

Il n'est un secret pour personne, qu'une croisade financière est journellement établie par la juiverie et que leur étendard porte dans ses plis : « Laissez venir à nous, vos petits et vos gros capitaux ».

Il suffit de signaler le danger à notre société, afin qu'elle se mette en garde contre lui.

Elle doit donc toujours être prête à combattre, ceux qui mettent notre chère France en trafic, car il faut qu'elle sorte forte et prospère.

Si la nation, si l'ouvrier comprend enfin que son épargne doit être conservée intacte, éloignée de la serre de cette nuée d'éperviers dont la rapacité est de jouir de tous les fruits et de toutes les proies.

Il ne faut pas se faire illusion, la haute banque, à un moment donné, verra d'un mauvais œil, un pays tout entier, recomposer son économie sociale, sans essayer contre elle tous les coups de jarnac que l'or facilite.

Loin de nous l'idée de faire un réquisitoire contre les parasites.

Cela n'entre nullement dans notre cadre.

Nous acceptons ce qui est.

Sans récrimination.

Seul, l'instinct de la conservation nous guide pour jeter le cri de « garde à vous » aux prévoyants afin de leur permettre de continuer et d'achever leur œuvre.

C'est en restant toujours sur la brèche et en faisant face à l'ennemi qu'il vous respecte.

Nous avons trop de mal à acquérir les millions pour ne pas les défendre !

Nous qui connaissons la valeur d'une pièce de vingt sous, surtout, mise de côté, nous devons nous garantir et fermer à triple clef les portes de notre coffre-fort.

On est trop instruit aujourd'hui pour ignorer que l'absorption de quelques centaines de millions par un seul homme, est une négation de la division des capitaux, en ce qu'ils ne servent qu'à lui, à son appétit excessif, qui ne peut se rassasier.

Victor Hugo, le sublime créateur de la pieuvre, dans son admirable livre les *Travailleurs de la mer*, aurait pu dépeindre avec son génie, la pieuvre des *Travailleurs de la terre*, et n'aurait certainement pas manqué d'attirer sur cette dernière toute l'attention qu'elle mérite : il aurait exposé dans sa brillante conception que la pieuvre humaine est aussi désastreuse que celle de Gilliat ;

il aurait appliqué ce titre aux capitalistes qui créent le vide, non dans le porte-monnaie seulement ; mais font fonctionner leur appareil à succion, pour réduire à néant la fortune de cette légion de naïfs qui ont confiance en eux.

Il aurait ajouté encore, que la pieuvre humaine peut laisser après elle les plus grands malheurs, en retirant ses ventouses pour drainer tout l'or qu'elle a fait suer, et devenir la cause d'un gâchis sans exemple ; léguant la ruine et le deshonneur au pays sur lequel elle s'est attachée.

Ils nous aurait dit que cette Internationale jaune ou blanche, or et argent, est comme l'araignée, qui, dérangée de son coin, va tisser et tendre sa toile dans une autre encoignure pour envelopper et saisir sa victime.

Ces parasites n'ont pas de patrie ; ils sont de toutes nationalités, cela leur sert pour sauvegarder le produit de leur agiotage et de leur accaparement.

Si toutes les nations étaient sages elles inscriraient en tête de leurs codes, en gros caractères, cet article additionnel :

« Qu'un homme possédant dix millions de fortune ne devrait plus trafiquer, et que cette même fortune devrait être représentée pour les deux tiers, en meubles, immeubles, propriétés foncières ou rentes sur l'Etat. »

C'est alors que l'on pourrait compter sur le patriotisme de ce riche personnage, sans éprouver la crainte qu'autre part cette fortune serve à combattre le pays, qui lui a prodigué tant de gains au préjudice de ses semblables.

Il y a d'autres parasites, mais de moindre importance; la Société des Prévoyants de l'Avenir saura faire échouer leurs tentatives au fur et à mesure qu'elles se manifesteront.

Nous disions un jour:

L'Océan est un composé de gouttes d'eau, c'est le composé qui fait sa force; soyons comme l'Océan, afin d'être forts, et la nouvelle révolution économique sociale s'accomplira sans secousses, presque sans efforts, dans le calme qu'un grand peuple doit apporter dans ses actes, pour la plus grande gloire de l'humanité.

PREJUGÉ

———

Une opinion qui ne résistera pas à l'examen chez les prévoyants, et à laquelle on doit apporter les efforts pour la détruire, est de croire qu'il se trouve un antagonisme entre les prévoyants de Paris et ceux de la province, c'est une erreur de logique et de bon sens, sans motif et sans raison.

Il est impossible qu'une idée aussi fausse soit acceptée comme vérité établie.

Il suffit pourtant de signaler le fait, puisqu'il existe.

Les prévoyants d'où qu'ils résident, sont les mêmes, et concourent au succès de la Société.

Le travail qui s'y produit au nord est le même des autres points cardinaux, centralisés sur le seul endroit de la France ou les adhérents sont en plus grand nombre et offrent le plus d'homogénéité; il se comprend bien que la ville de France la plus peuplée est la capitale : Paris.

Pourquoi la province en voudrait-elle aux adhérents de Paris, plus nombreux, dont la quantité de vrais parisiens est en minorité sur le nombre extraordinaire des provinciaux, qui sont nés ou venus de province, et qui habitent cette ville? Il est nécessaire d'ajouter que la densité des associés offre encore Paris comme point central.

Le reproche est assurément sans consistance sous ce rapport (1) et peut être considéré comme une chicane gratuite.

L'esprit de prévoyance n'est pas plus dégénéré à Paris qu'en province.

Tel membre qui arrive frais de son pays, déjà sociétaire, peut se faire nommer membre d'un bureau, il n'a qu'à signaler ses aptitudes pour être accueilli fraternellement.

Au Nord, au Midi, à l'Ouest, à l'Est, les prévoyants ont les mêmes statuts, la pièce d'un franc n'est pas plus grosse pour les sociétaires de province, que pour les sociétaires de Paris.

Ce sont là des considérations du terre à terre; il est pourtant utile d'en faire une mention spéciale.

(1) L'auteur déclare que dans la 17ᵉ section sur 1150 membres, il n'y en a pas 80 nés à Paris

Dans un but plus élevé, cette société est placée sur le seul terrain que puisse offrir l'union et la concorde.

Il ne faut pas qu'un souffle malfaisant vienne troubler l'harmonie si difficile à établir.

L'esprit de clocher doit être en dehors de la Société des Prévoyants de l'Avenir.

Il faut au contraire apaiser les moindres querelles.

Ce n'est pas parce qu'on s'occupe de la grande question sociale qu'elle doit attirer des luttes dans la sociabilité ou dans les rapports.

Faudrait-il donc que Caïn ait laissé depuis tant de siècles un germe de jalousie et d'animosité pour que les hommes, au moment de s'entendre, se créent par des chimères les moyens de ne plus s'entendre?

Si la science sociale nous mène à une organisation pour nous unir et nous soutenir, il faut, par un violent effort, chasser toutes les mauvaises pensées qui nous dirigent dans une voie où l'amour propre n'est plus à sa place.

Le concours de tous est nécessaire, mais cela ne suffit pas, si l'union est absente.

Des actions et des réactions continuelles sont des faiblesses, quand on est sans accord.

Au contraire, elles sont une force quand elles sont combinées suivant les besoins.

La loi de l'entente est une absolue nécessité, elle doit tenir la première place dans la Société des Prévoyants.

C'est le résultat aux grandes choses.

Si le socialisme est la victime de ceux qui doivent le défendre, c'est revenir dans l'ornière des préjugés, ce qui équivaudrait à une défaite définitive.

Les rapports doivent être les mêmes puisque les intérêts sont les mêmes.

C'est par l'ordre qu'on arrivera à la défense des intérêts solidaires; la cause en est commune, puisque le but est commun.

Une des vertus essentielles, c'est la prudence, afin que l'institution n'en souffre pas, et la confiance viendra à son heure inspirer l'égalité et la justice.

Que les Prévoyants de province, que les Prévoyants de Paris, ne manquent aucune circonstance pour se connaître; l'amitié et le dévouement fortifieront leur existence.

Il ne devrait y avoir ni luttes, ni jalousie dans la Société des Prévoyants.

Alors le problème social serait facile à résoudre; il suffirait d'entrer résolument dans le domaine de

'intérêt où tous les citoyens peuvent se grouper
n ayant l'espérance d'un succès sans précédent,
la condition que le concours de tous soit apporté
ans acrimonie et surtout sans jalousie.

12.

DES SOCIÉTÉS QUI SE PRÉTENDENT SIMILAIRES

A LA SOCIÉTÉ DES « PRÉVOYANTS DE L'AVENIR »

———

Toutes les Sociétés qui peuvent être contraires à la question sociale et qui sont préconisées comme en faisant partie, doivent être mises en lumière.

Précisément pour indiquer la voie fausse dans laquelle elles se trouvent.

L'écrivain qui fait une étude ne doit pas s'arrêter à de mesquines considérations, s'il veut poursuivre le but unique de démontrer la nécessité que les sociétés doivent vivre sous un régime de vérité, afin que la critique n'ait aucune prise sur leur organisation.

Ce n'est donc que par l'exposition précise des erreurs, quitte à briser des espérances mal venues, que les fausses doctrines doivent être dénoncées.

L'époque actuelle est suffisamment disposée

pour entendre ce qui est vrai, même aux dépens de toutes les illusions.

Après l'œuvre de Chatelus, une Société s'est fondée et à cru faire du socialisme économique en appliquant une partie des statuts à son organisation générale.

En principe, il est impossible de découvrir dans cette société le sentiment démocratique qui forme la base de la justice et le régime de l'égalité.

Nous parlons de la France Prévoyante.

Inspirée avant celle des Prévoyants, elle avait sa raison d'être, parce qu'elle exerçait alors un courant de recherches pour la perfectibilité.

Se créant cinq ans après, elle devait s'entourer d'un esprit d'équité plus grand encore, pour démontrer que le progrès ne va pas en arrière; car elle est une défectuosité pour l'organisme social, en s'éloignant de l'idéal de l'égalité, au profit de l'intérêt privé, qui ne peut se confondre avec l'intérêt général.

Admise pour les exigences d'une fraction de la nation, elle peut procurer le charme de grossir une somme, mais elle est fort éloignée de la perspective de l'unité.

La diffusion des intérêts est absolument l'obstacle qui amènera des troubles à sa prospérité.

Le mélange des diverses cotisations en un seul

capital social, exposera cette Société aux attaques, en offrant une guerre ouverte aux sociétaires, qui deviendront des frères ennemis dans le
partage des intérêts.

L'accouplement des versements uniformes sera
une véritable dérision après la première ou la seconde année des parts à recevoir.

Et ces capitaux qui devraient rapprocher les
sociétaires, formeront des antagonismes de classes.

Ce n'est assurément pas dans ce but que les
auteurs ont agi.

Mais il n'en est pas moins vrai que l'erreur
est commise et qu'ils devraient, par un moyen
quelconque modifier ce système (1) pour permettre
à leur Société de traverser les siècles, sans être
ébranlée à ses débuts.

S'ils ne le comprennent pas, ils seront dans une
ornière de laquelle ils ne pourront plus sortir.

On ne peut admettre que le nombre d'adhérents
soit le même chaque année, dans les cinq séries
de cette Société ; c'est pourtant ce qui serait nécessaire pour le fonctionnement régulier dans le
partage des parts.

Il est donc facile de comprendre que la moindre
variation des sociétaires, dans l'une ou l'autre des
séries, provoque une différence dans le capital de

____

(1) Ce qui n'est pas difficultueux puisqu'il est encore temps!

la série où les adhérents sont en plus grand nombre.

L'intérêt de ce capital, sera donc plus élevé que celui des autres séries, et au mépris de l'équité sera partagé avec les séries dont le nombre et le chiffre seront inférieurs.

Sans mettre en relief, ni les décès, ni tout autre cause de changement, en établissant un tableau pour démontrer les différences que pourraient recevoir mille personnes, dans chaque part, à la 2ᵉ année, soit après 17 ans de la fondation, nous trouvons la situation suivante sur 32.500 parts réparties comme suit:

TABLEAU DÉMONSTRATIF

SOCIÉTAIRES	PARTS	CAPITAL APRÈS 15 ANS	INTÉRÊTS A 4 0/0	PARTAGE ENTRE 1000	LA PART A CHACUN
1.500	1 part	270.000	10.800	10 80	10 80
1.750	2 —	630.000	25.200	25 20	12 60
2.000	3 —	1.080.000	43.200	43 20	14 40
2.250	4 —	1.620.000	64.800	64 80	16 20
2.500	5 —	2.250.000	90.000	90 »	18 »

Dont la moyenne est de 14 40.

En conséquence :

Lo sociétaire d'une part reçoit 14 40 au lieu do 10 80.
—   do 2   —   14 40   —   12 60.
—   do 3   —   14 40   —   14 40.
—   do 4   —   14 40   —   16 20.
—   do 5   —   14 40   —   18 ».

Touto la démonstration peut être acquise dans ce seul fait, que la répartition ne présente aucune justice, puisque des séries oscillent dans une proportion à troubler l'harmonie générale, et ne sauvegardent pas leur propre intérêt.

Nous serions heureux de recevoir une réfutation à ce travail de chiffres, parce que nous sommes éloigné d'être l'ennemi des sociétés qui se créent pour le bien commun (1).

A condition toutefois que l'esprit social dans l'acception du mot soit inspiré pour le bien commun, applicable au bien général.

(1) Nous déclarons ici que cette Société se serait présentée comme société financière, notre question n'aurait été nullement agitée.

L'ACCROISSEMENT DE LA POPULATION

En France, une particularité qui frappe au premier chef, est l'arrêt dans l'accroissement de la population, et qui tend à devenir dans un temps prochain un péril national.

L'inquiétude est évidente et se manifeste hautement par des brochures, dans les journaux, dans les Académies et les Sociétés de médecine et d'hygiène, qui cherchent à découvrir la solution favorable pour remédier à cet état de « culture sans semences, dans les familles, » pour la génération humaine.

Les causes sont dûes à la gêne permanente des parents pour subvenir à l'entretien d'une nombreuse progéniture.

Le gain du mari n'étant pas assez élevé pour empêcher la femme d'aller au dehors, trouver l'appoint au budget, est une des conséquences des plus sérieuses et des plus fâcheuses.

Le travail des manufactures, où femmes et hommes vivent en promiscuité, amène une décomposition morale; le laisser aller, le langage, les attouchements, fatalement, assurent le libertinage, sans engendrer l'amour.

Les unions légitimes sont impossibles, parce qu'il règne un manque de vertu qui ne provoque pas le mariage.

Le campagnard végète et ne s'enthousiasme pas à l'idée de donner des bras à l'agriculture, car il sait que ses enfants s'éloigneront du travail des champs.

Partout c'est l'indigence.

Chacun cherche à amoindrir ses charges en ne sacrifiant pas à la paternité.

Il faut d'ailleurs que les réflexions soient bien fortes, pour qu'au moment « psychologique » l'homme ait la préoccupation d'un retour sur lui-même, pour ne pas achever l'œuvre de la nature.

On évite de vivre dans cette atmosphère de misère, dans les belles années de vigueur et de force, parce qu'on n'est pas sans se rappeler les dures épreuves qu'ont subies les parents au moment de leur jeunesse par les nombreux enfants survenus coup sur coup, amenant la détresse et, par suite,

’insuffisance de moyens, pour faire vivre tant bien que mal ce petit monde.

Alors on attend pour se marier l’âge sérieux, tout en s’empressant de mettre à profit, avec excès, les occasions qui permettent de remplacer le foyer conjugal, et c’est à l’âge où la fécondité serait puissante, que la stérilité est la plus complète.

« Faire des misérables, ce n’est pas la peine, » disent bien des ménages.

Malheureusement il y a du vrai, surtout dans cette fin de siècle, où l’homme est assailli par les besoins de toutes sortes, car il ne faut pas oublier que quantité d’individus se suffisent à peine, même en restant célibataires.

La mortalité enfantine est aussi une considération du peu d’accroissement de la population.

Les nourrices mercenaires des campagnes, chargées d’élever les enfants des habitants des villes, les soignent mal, en les laissant trop longtemps dans les loques sordides du ménage nourricier; car celui-ci ne se gêne pas pour parer et soigner « le fleu » avec les propres langes de la petite victime, considérée seulement comme une valeur égale aux vingt-cinq, trente et trente-cinq francs, reçus à chaque commencement du mois.

Les enfants qui résistent, ce sont ceux qui ont

l'âme chevillée au corps, malgré la nourriture peu en rapport à leur âge.

On les fait manger à la cuillère quand il leur faudrait le sein.

On leur donne du pain trempé quand le lait seul suffirait.

Le plus souvent, sous la garde d'un « grand frère de lait », l'enfant en nourrice est abandonné dans un coin, par lui, pour aller courir et s'amuser avec les autres gamins de son âge, pendant que l'innocent annonce ses souffrances par un long cri, qui ne cesse, que parce qu'il est épuisé.

La nourrice, infidèle à sa mission, s'occupe de ses animaux domestiques et des travaux de ses champs, elle s'inquiète aussi peu que possible du *petit de la ville*, car elle ne veut pas abandonner tous ses intérêts, pour veiller son élève et le protéger maternellement.

Ainsi donc, ni heures régulières aux repas, ni hygiène dans les soins, tel est le tableau général, caractérisant l'élevage de l'enfant en nourrice.

Cela suffit à démasquer la perte de la population dans le bas âge.

On peut évaluer à un chiffre énorme de 50 0/0 la mortalité de ces enfants, qui, avec un peu plus d'égards, ne demanderaient qu'à vivre.

Il y a incontestablement des mères qui sont peu

partagées sous le rapport de la secrétion du lait, et dont les mamelles n'ont pas le développement nécessaire à l'alimentation, celles-là sont à plaindre, d'envoyer *aux faiseuses d'anges* le cher petit qu'elles n'ont pu garder.

Mais cet abandon de la mère, qui se sépare de son fils ou de sa fille pour tout autre motif, ne mérite pas ce doux nom, car elle s'éloigne de l'humanité et de la nature ; elle mérite tous les reproches, si elle se désintéresse avec désinvolture de la façon comment est traité son enfant ; et si la mort le frappe, elle doit en posséder le remords.

Il y en a beaucoup d'autres, par un excès de coquetterie, pour ne pas altérer la beauté de leurs seins et surtout afin de conserver leur consistance, craignant qu'ils deviennent flasques sous l'influence de la lactation, s'empressent de remettre leur rejeton dans les mains de nourrices mercenaires et barbares, quand elles ne sont plus sous l'œil de la patronne.

Grimaux de Caux et Martin St-Ange, écrivent que des nourrices, pour apaiser les cris de leurs nourrissons, trouvaient le remède en activant la sensibilité de certain organe et se débarrassaient ainsi de leur importunité en léguant à l'enfant au berceau, les germes d'un vice funeste.

Le docteur Andrieux a connu un enfant qui

dépérissait chaque jour. Après une active surveillance, les parents trouvèrent la nourrice exténuée, sans mouvement, avec son nourrisson qui cherchait encore dans une succion affreuse et inévitablement stérile, un aliment que les seins auraient pu seuls donner.

Combien de crimes semblables se passent sous le sceau du secret et de l'ombre. La mère qui agit ainsi, sans une grande surveillance de tous les instants, signe l'arrêt de mort de son enfant.

Emouvante question que celle de cette économie humaine; car, aujourd'hui il est assuré que la grandeur d'une nation est dans l'accroissement de sa population; il est donc utile de signaler tous les faits principaux pour ramener dans le premier des devoirs de la maternité les femmes qui s'en écartent.

Honni soit qui mal y pense.

Il est prouvé que dans la classe riche, la multiplication est moindre; on peut comprendre sans efforts que les gens fortunés aiment le luxe, le bien-être et s'efforcent à tromper la nature.

Les hommes s'épuisent dans les excès de toutes sortes, qui leur apportent la stérilité et l'impuissance.

Les femmes attirées par les plaisirs, quand l'éclat de leur fortune les entraine aux invitations, aux bals, aux soirées, font tout ce qu'il faut pour ne pas déformer la sveltesse de leur taille; c'est ainsi que l'accroissement de la population perd ses droits chez les riches.

Il entre seulement dans ces ménages, les enfants nécessaires pour éviter des obstacles aux successions.

C'est donc, la classe pauvre qui fournit le plus à la population et sur laquelle on espère la propagation; donnez à cette classe des institutions prévoyantes, des institutions sociales de bien-être en éteignant la misère, et la source de vie de la France, renaîtra plus florissante que jamais.

La Société des Prévoyants de l'Avenir est l'agent qui conduira le plus substantiellement et avec le plus d'efficacité à la propagation de l'espèce humaine.

Parce qu'elle est l'image de la grande famille de l'humanité, en même temps qu'elle est la source ou se puisent les sains enseignements de moralité pour le foyer et le bonheur du pays.

On ne craindra plus de se marier jeune, non pas au sortir de l'adolescence, mais à l'âge où la force est acquise et où toutes les qualités sont encore vierges.

Les unions ne seront plus disparates, parce qu'on s'appréciera, on se connaîtra; les mouvements du cœur seront plus sincères, l'inclination fera place à la convention qui est le germe de toutes les ruptures; et l'homme et la femme, associés déjà pour poursuivre un but déterminé, vivant pour un avenir mieux préparé, ne craindront pas d'établir solidement par les liens de l'hymen leur association, en s'adjoignant une famille qu'ils seront fiers et heureux de posséder, ayant la certitude acquise que les vivres ne feront pas défaut.

Il est incontestable que la production des subsistances est en rapport avec la population, malgré l'opinion de tous les économistes Malthusiens et autres, qui voulaient réglementer le chiffre des humains, ainsi qu'on le fait pour les poules et les canards d'un poulailler, sous le prétexte impie que le sol serait vite épuisé.

Ces humanitaires économistes n'ont jamais su que la fécondité de la terre est en rapport avec la fécondité humaine.

Les pays les plus riches et les plus prospères sont ceux qui sont les plus peuplés.

La nature offre à l'homme tous les puissants moyens pour subvenir à ces besoins; c'est à lui, à son intelligence, de découvrir l'emploi de ses forces.

Notre maître à tous, Victor Hugo l'a dit dans *Quatre-vingt-treize :*

« D'abord supprimez les parasitismes : le para-
« sitisme du prêtre, le parasitisme du juge, le pa-
« rasitisme du soldat. Ensuite, tirez parti de vos
« richesses ; vous jetez l'engrais à l'égout, jetez-le
« au sillon.

« Les trois quarts du sol sont en friche, défrichez
« la France, supprimez les vaines pâtures ; proté-
« gez les terres communales.

« Que tout homme ait une terre, et que toute
« terre ait un homme.

« Vous centuplerez le produit social.

« La France, à cette heure, ne donne à ses
« paysans que quatre jours de viande par an ; bien
« cultivée, elle nourrirait 300 millions d'hommes,
« toute l'Europe ; utilisez la nature, cette immense
« auxilliaire dédaignée.

« Faites travailler pour vous tous les souffles de
« vent, toutes les chûtes d'eau, toutes les effluves
« magnétiques.

« Le globe a un réseau veineux souterrain ; il y
« a dans ce réseau une circulation prodigieuse
« d'eau, d'huile, de feu ; piquez la veine du globe
« et faites jaillir cette eau pour vos fontaines, cette
« huile pour vos lampes, ce feu pour vos foyers.

« Réfléchissez au mouvement des vagues, au
« flux et au reflux, au va et vient des marées.

13.

« Qu'est-ce que l'Océan? une énorme force per-
« due.

« Comme la terre est bête! Ne pas employer
« l'Océan? ».

Il se trouve encore des naïfs et des malfaisants
qui ont la conviction que les guerres sont nécessaires à cause d'une trop grande surabondance
d'individus sur la terre, on peut leur conseiller
d'en finir avec la vie, car ceux-là seuls sont su-
perflus à l'humanité.

La moyenne actuellement du mariage est de
trente ans pour l'homme, et de vingt cinq ans pour
la femme; est-ce que les raisons n'en sont pas
démonstratives? les relations dans la classe ouvrière sont absolument nulles, on ne se connaît
pas, on n'est pas entraîné au mariage; par faute
de cet élément de sociabilité.

Les occasions sont rares où filles et garçons se
réunissent.

L'idée de s'unir ne vient que quand elle est
nécessitée par suite de la fatigue du célibat.

C'est alors qu'on prend ce qu'on trouve, sans
plus d'examen.

La Société des Prévoyants, au contraire, groupe
dans l'année plusieurs fois tous ses membres des
deux sexes, jeunes et vieux; de là, à mieux se

connaitre il n'y a qu'un pas, les fêtes, les banquets, les bals, rapprochent beaucoup mieux qu'un sermon.

Il se dégage le fluide impressionnable qui fait naître avec le temps, et même spontanément, des mariages spéciaux qui n'ont rien d'une agence matrimoniale.

L'épargne, l'économie, rapprochent les individus et c'est une des meilleures marques pour la vertus.

L'esprit de fraternité amène l'esprit d'union et la jeunesse émue de voir autour d'elle cette franche cordialité des parents, entame le roman d'amour qui se termine respectablement par des liens plus étroits.

La Société des Prévoyants de l'Avenir est donc une bienfaitrice des mœurs, en même temps qu'elle joue le rôle de conseillère, en disant à tous ses adeptes.

Croissez et multipliez pour la plus grande gloire de notre France.

Pour sa puissance.

Pour sa force.

Pour sa grandeur.

IGNORANCE ET OBSCURANTISME

Le mal le plus grand, qui vient le plus en aide à la misère et au désintéressement de la sublime machine sociale, est assurément l'ignorance.

Elle arrête le développement des principes matériels et moraux à n'importe quelle œuvre de l'humanité.

Elle est le fléau impitoyable, contre lequel on doit s'armer pour le vaincre, malgré l'insuffisance des moyens.

La Société des Prévoyants de l'Avenir, sans être le facteur radical pour la combattre, sera assez influente pour modifier dans l'ensemble les durs effets de l'ignorance.

Sa puissance moralisatrice s'étendra partout où elle sera, guidera tous les citoyens pour les faire entrer dans cette nouvelle école d'économie sociale, où tous les enseignements sont des sources éducatrices et instructives.

Elle engage l'individu à connaître et à remédier à ses besoins, non pas seulement ses besoins matériels, mais encore ses besoins moraux.

Si l'ignorant au milieu de tous, conservait la pudeur du timide et s'abstienne de parler, de juger, par le motif qu'il ne sait pas, il aurait droit à un certain respect; mais il est trop sot pour avoir cette confusion.

Il amoncelle les erreurs sur les erreurs en se faisant un code à lui, qui le charme par l'espèce de fatras dans lequel il se plait à vivre.

C'est le chaos intellectuel.

D'autres, mieux doués, écoutent, réagissant contre leur intelligence en sommeil, font d'humains efforts pour déchirer le voile qui obscurcit leur esprit et parviennent à s'éclairer sur ce qui est juste ou faux.

Ceux-là, sont des hommes sauvés.

Qui ne connait des gens, ne sachant ni lire, ni écrire, avec lesquels les rapports sont fréquents par la sympathie qu'ils attirent, et dont le raisonnement surprend sur les connaissances qu'ils ont acquises.

Il n'y a rien d'anormal, parce que ces personnes ont vécu du milieu dans lequel elles ont été jetées.

Ces hommes ne sont pas des ignorants, ni des réfractaires à l'instruction, ce sont les circonstances qui les ont fait naître dans un moment où l'instruction n'était pas considérée comme une nécessité sociale, et dont le père avait le sot préjugé de croire que l'enfant en saurait toujours assez.

Le père lui-même, vivant dans une époque où l'obscurantisme était élevé à la hauteur d'un principe par les castes égoïstes et prudentes, qui craignaient de perdre leur situation sociale, injustement acquise et qu'ils ne pouvaient conserver que par l'ignorance du peuple.

En général, dans les villes où le progrès est toujours en lumière, le simple, acquiert l'expérience des choses qui lui tiennent lieu, facticement il est vrai, de l'instruction; cela ne l'empêche pas de ressentir souvent l'obligation du savoir, c'est ce qui l'engage à envoyer ses enfants à l'école ou dans tous autres centres d'enseignements.

Mais ce sont ceux qui habitent loin des villes, à la campagne, dans les bourgs, dans les hameaux, sur le sommet des montagnes, ou dans le fond des vallées; ceux que nous dénommerons les deshérités de la vie active, intellectuelle.

Les esclaves des préjugés, ainsi qu'ils le sont des contes de grand'mère, qui vivent au milieu de la grande nature, sans éprouver aucune poésie, mais saturés par le pénible labeur de la terre, qui leur demande leurs bras, pour leur fournir le pain quotidien.

Pour ces pauvres gens qui ne peuvent juger la beauté d'un site, la grandeur de la nature dans une montagne, que par la difficulté du travail à accomplir et la fatigue du transport de leurs outils en raison de la montée ou de la descente, ne voient, dans la joyeuse animation d'une verte vallée, que le résultat de leurs constants efforts, sans se préoccuper de l'harmonie.

Les chauds rayons du soleil les mettent en peine de la sécheresse, en leur donnant la crainte des récoltes brulées.

Les pluies abondantes leur apportent des transes d'inondation.

Ils se désintéressent de tous autres avantages.

Les idées les plus séduisantes ne les touchent pas.

Sans instruction, ils n'ont de soucis que ce qui concerne leur bourse et leur quant à soi.

Ces indociles de la pensée ont méfiance de l'inconnu; esprits bornés, comme est leur propriété, ils ne voient pas au delà.

En ce qui caractérise leur intellect, ils semblent trouver un écueil dans tout ce qui leur parait nouveau, car ils possèdent la routine de l'ignorance et ne sont séduits que par les flatteries des insensés, quand elles ne sortent pas de la sphère agricole entretenue par leurs mains.

Leur existence est toute de faiblesse et de dépendance, car ils supportent le joug du riche de la contrée, qu'ils considèrent d'une essence humaine supérieure à la leur, celui-ci planant sur leur imagination vulgaire, parce qu'il possède deux chevaux presque fourbus, attelés à une calèche tirée des ruines du vieux château.

C'est le « mossieu » de l'endroit, quelquefois vieux gentilhomme, mais plus souvent le parvenu, de la race puante, qui, par son orgueil et sa fatuité, a su se créer, après quelques années de séjour, une popularité de petit monarque au court manteau, mais dont la simplicité ne ressemble en rien au bon petit roi d'Yvetot, de notre vénéré et regretté maître, le poète populaire Béranger.

Chez l'ignorant, sans activité cérébrale, l'intelligence reste inactive et languit faute d'exercices ; son âme est engourdie, et se fait remarquer par une sorte d'apathie qui prive le corps et l'esprit de toute vigueur.

La Société des Prévoyants de l'Avenir apporte le remède à l'ignorance ; elle instruit peu à peu, en activant les fonctions cérébrales à reconnaître qu'il y a un intérêt personnel à se grouper par un intérêt général.

Elle apporte, manifestement, l'attention à qui vient à elle sur des devoirs sociaux.

Elle secoue la nonchalance par les droits particuliers à chaque individu, qui s'intéresse d'abord machinalement, puis par réflexion.

Elle encourage l'ignorant à sortir du bourbier, pour s'occuper des devoirs et des droits, en lui découvrant le plaisir de trouver les moyens pour mieux faire; c'est alors qu'il subit sensiblement l'ascendant pour espérer de jouir d'une quiétude meilleure et d'un bonheur plus grand.

L'esprit et le jugement se forment en se perfectionnant d'un sentiment nouveau, qui lui indique une voie inconnue, pour s'élever davantage et lui faire acquérir cette dignité si chère à l'homme; en outre qu'elle est absolument utile dans un pays où la démocratie plante de jour en jour des jalons pour la délivrance intellectuelle.

Sa raison lui fait discerner le bien du mal; de cette réflexion, il comprend que la «lutte pour la vie» n'est pas seulement pour le morceau de pain, mais encore pour une nourriture plus substantielle: celle de l'esprit.

Quand ce même homme était ignorant, il n'avait ni règles, ni principes.

Enchassé dans la Société des Prévoyants, il les accueille, il les accepte, parce qu'elle lui fait entrevoir des horizons autres que le bout de son champ.

C'est une lumière au lointain qui lui indique le but qu'il doit atteindre.

Par un calcul nouveau, c'est un meilleur sort qu'il se réserve; il n'a plus à deviner, il sait maintenant que vivre en société, c'est s'assurer une paix intérieure, c'est l'estime de ses semblables qui l'encouragent à des sentiments de fraternité, dont l'espèce humaine a tant besoin.

Il ne recherche plus l'isolement, il échappe aux fatales conséquences de cette bizarrerie; il provoque, au contraire, son instinct naturel pour se rapprocher avec les autres hommes, car il a reconnu que les rapports généraux unissent les membres de la grande famille humaine, qui doivent se lier généreusement par des attaches particulières.

C'est ainsi que ce sont fondées les associations des peuples, et qu'ils ont établis les liens si doux de la famille et de la patrie.

C'est là le produit de l'instruction, tandis que le produit de l'ignorance n'amène que la bêtise, l'ignominie et l'esclavage.

LA CIVILISATION

Si l'on veut considérer les admirables impressions que procurent la Société des Prévoyants de l'Avenir, on distinguera son principe comme étant le moyen le plus prompt aux avantages de la civilisation; son caractère remplit toutes les conditions pour la mettre à même d'être le courant conducteur à toutes les études du progrès.

Qui dit progrès, dit civilisation.

La civilisation n'est pas un art.

Une science.

C'est le résultat de l'expérience appliqué aux lois humaines au profit de l'humanité.

Elle n'a pas de patrie.

Elle peut s'établir sous n'importe quelle latitude et s'exercer sur le globe entier.

La civilisation.

Ce sont les habitudes, les coutumes, les lois qui

doivent être modifiées pour les besoins de bien-être et d'ordre moral.

Le fond peut être le même sous tous les climats avec les diverses formes qui sont applicables suivant les pays, mais concourant d'ensemble à l'harmonie générale.

La Société des Prévoyants, inspirée pour l'amélioration du sort de tous, offre à la civilisation, toujours perfectible, le soin de réagir contre les obstacles qui s'y opposeraient.

« Tout par tous et pour tous », devise de la Société; entraîne forcément le droit à la civilisation de prendre la meilleure place au banquet de l'humanité, en changeant un sentiment particulier pour l'exécution d'une obligation sociale.

Par exemple, le devoir s'oblige à fonctionner pour l'accord parfait entre les parties d'un tout.

C'est l'affinité des mêmes vues pour le respect de la chose générale.

La civilisation ne peut être interprétée que comme le produit de tous les éléments accumulés par l'expérience pour la meilleure des organisations générales, comprenant :

Justice.

Droit.

Équité.

Développant chez les nations toutes les notions de moralité.

Assurant toutes les forces intellectuelles.

Transformant toutes les erreurs en une seule vérité.

Unifiant l'espèce humaine, non comme un champ de blé, dont tous les épis sont de hauteur égale, mais ainsi que l'a dit Victor Hugo : faire à tous le même esprit, le même but, le même avenir.

Les enseignements du passé ont démontré les nécessités de la civilisation.

Il a donc fallu prendre du passé ce qui était sain, en ajoutant les découvertes saines du présent, pour en faire un tout semblable à une boule de neige qui s'amassera et grossira encore pour perfectionner perpétuellement, afin que l'humanité conserve sa puissance et sa grandeur.

On ne pourra jamais dire d'un pays qu'il possède la civilisation dans son essence, tant que ses lois édifieront la peine de mort.

Dernier reste de la barbarie qui rend notre civilisation incomplète.

Il est difficile de comprendre que la peine capitale reste dans les mœurs françaises.

Comment expliquer que la Société, après avoir jeté le cri :

« A l'assassin ! ».

Vienne à son tour, de par la loi, se rendre meurtrière en livrant à l'échafaud le membre perturbateur qui a violé les lois de l'existence humaine, en tuant son semblable.

La Société ne commet-elle pas le même crime?

Plus cruel puisqu'il est plus raisonné;

Elle a le droit de se défendre, de juger, de punir celui qui l'outrage par ses forfaits, de le réduire à l'impossibilité de commettre d'autres attentats.

Mais ce n'est pas un devoir de porter avec elle la tache de sang qu'elle fait répandre.

A-t-elle donc peur de ce criminel, qu'elle s'empresse de le faire disparaître?

Les murs des prisons ne sont-ils pas assez épais, ne sont-ils pas assez élevés, pour qu'elle se rende inhumaine à ce point?

Son rôle.

Son droit.

Son devoir.

C'est de faire vivre le coupable seul, avec sa conscience plus forte que le moi.

Les remords deviendront pour lui ses véritables juges.

C'est alors que la souffrance morale l'étreindra plus sûrement que les peines corporelles, et le supplice sera à la hauteur de son crime, sans que les hommes deviennent les meurtriers du corps de ce misérable.

La Société conserverait toute sa dignité, en ayant plus de respect pour la vie humaine.

La civilisation française acquerrait un principe élevé qui fait honneur aux nations qui ont aboli la peine de mort.

La vie d'un juste est courte, tant longue soit-elle.

Celle d'un coupable dont le châtiment égalerait la faute, condamné à vivre en dehors des autres hommes, serait pour lui d'une longueur désespérante.

Il souhaiterait mille morts plutôt qu'à recommencer une semblable vie.

Les adversaires, comme les défenseurs de la peine de mort, ont apporté leurs raisonnements pour ou contre.

Malheureusement ils ont oublié de dénoncer l'argument suprême qui leur a échappé.

Que la science le veuille ou ne le veuille pas.

L'homme qui tue est un malade; dont le caractère symptomatique échappe à l'aliéniste.

Les criminels subissent une influence due à l'état de leurs nerfs.

La preuve en est dans la nomenclature :

De la colère.

De la jalousie.

De la débauche.

Des passions de l'existence crapuleuse.

Dans la faim.

De l'alcoolisme.

Ou tous autres désordres du cerveau.

Et c'est démonstratif.

La colère est un état de l'âme troublée, qui porte à la haine, c'est donc par suite d'un acte violent que l'individu peut se rendre criminel, inconscient de l'acte commis dans le moment où la raison était absente.

Personne n'ignore que la jalousie est une passion qui ne raisonne pas, qui porte le malheureux atteint de cette affliction à commettre toutes les inconséquences, fussent-elles criminelles.

Il en est de même du débauché, livré à lui-même, il se fait viveur, joueur, voleur et assassin pour alimenter ses funestes passions.

Que peut-on attendre également des êtres pervers qui par degré sont tombés au bas de l'échelle sociale, ne vivant que du produit de la prostitution, ne connaissant de la société, que le ruisseau et la boue, et, comme moyens d'existence, se servant du couteau pour obtenir « le louis » que leur maîtresse en villégiature à St-Lazare (1) ne peut leur

(1) Prison de femmes bien counue

donner; n'ayant conscience du tien et du mien que d'une façon très vague et qu'ils n'apprennent certainement pas dans les taudis ou dans les bouges qui forment habituellement leur habitation.

L'éducation des filles de joie est l'instruction du crime.

Il y a lieu de porter un remède contre cette plaie sociale, car chez ces gens-là, il n'y a aucun équilibre dans le cerveau, la majorité des assassins se trouve dans ce centre de détraqués que,la prostitution fait naître avec tant d'éclat.

Et la faim? n'apporte-t-elle pas un désordre dans l'organisme, quand il ne serait que dans ce vieux proverbe :

« La faim chasse le loup du bois » ;

Est-ce que le système nerveux ne se trouve pas ébranlé au point de faire « voir rouge » au malheureux atteint de cette pénible sensation, surtout quand il est rejeté de partout; il voit dans la société une ennemie et lui déclare une guerre sans merci : il tue « pour vivre ».

N'est-elle pas représentée sous la figure d'une femme, hâve, abattue, maigre, tempes creuses, yeux éteints, joues plombées, lèvres livides, bras et mains décharnées, rire idiot.

Le tableau du naufrage de la *Méduse* de Géricault, ne représente-t-il pas le crime par la faim.

N'est-il pas l'expression funèbre en montrant toute l'horreur d'une scène où les hommes n'avaient pour se nourrir que les cadavres de leurs tristes compagnons.

Le *délirium tremens* aussi présente ses criminels.

Les statistiques sont là pour prouver qu'ils sont les esclaves de la folie et du délire.

En résumé, l'homme qui tue est un malade.

Hanté par l'idée du crime ou attiré par le meurtre pour frapper son semblable, pour des causes morbides, soit par l'état anormal de son systême nerveux.

N'est-il pas malade, ce futur assassin qui assiste à une exécution capitale.

Gouailleur.

Riant de l'exemple qu'on prétend lui offrir.

Il n'y songe même pas.

S'il en parle, c'est par un défi, dont l'ironie démontre assez le mauvais équilibre de son cerveau.

Qu'on recherche dans les crimes commis, même par les assassins de profession, en fouillant dans leur existence, dans celle de leurs parents, il en ressortira que des maladies, des accidents, des chûtes, ont déterminé un ébranlement moral, qui caractérise leur état, tout en conservant pour le juge l'apparence de responsabilité qui fait qu'il condamne.

On renferme les fous;

Les assassins ont leur délire, qu'on en fasse autant.

Est-ce qu'on fait mourir les détraqués?

On les soigne.

Les assassins, ce sont des détraqués, nuisibles, dangereux.

Qu'on les enferme, comme on enferme les fauves.

Autrement, si l'on n'abolit pas la peine de mort, on pêche par ignorance.

La civilisation s'en ressent, car la société alors se névrose elle-même, en ne voyant pas l'exactitude de son rôle;

Ou ce serait à croire, que des erreurs d'institutions sont conservées par hypocrisie, pour servir et maintenir les préjugés.

La civilisation doit être large, tempérante.

Ses portes doivent être grandement et largement ouvertes.

Soit pour donner:

Aux assassins, une prison,

Aux malades, un hôpital,

Et aux sains d'esprit et de corps, la liberté!

La Société des Prévoyants de l'Avenir est une

des grandes figures de la civilisation, ou du moins elle est une force vigilante, pour en conserver le bases.

Elle apporte à son actif des fondements nouveaux pour réaliser le grand problème du progrès, quand elle prend l'enfant au sortir de l'école, à quinze ans, pour achever pratiquement son instruction sociale, en lui disant :

« Viens avec nous,

« Tes aînés,

« Nous ferons de toi un citoyen;

« Nous t'inculquerons les principes du travail et ceux de l'épargne;

« Nous te ferons respecter les lois et les institutions;

« Nous t'indiquerons tes devoirs; car nous te voulons la vie calme, tranquille;

« Viens avec nous;

« Nous serons ta famille,

« En même temps que la tienne est la nôtre;

« Grandis pour aimer et défendre ton autre mère, la patrie,

« Et si jamais elle est blessée,

« Meurtrie,

« Offre ton sang pour la sauver. »

Cet enfant devenu homme, conservera le souvenir des conseils.

Il deviendra sociable, conciliant et marquera sa place dans l'humanité, car il aura conquis tous les grades pour le mettre à même d'édifier et de construire au profit de la civilisation.

La civilisation ne pourrait pas établir ses quartiers, si les revendications de la femme n'étaient pas écoutées, nous renvoyons au chapitre de ce livre « De la femme » (pour ne pas nous répéter) où il est justifié qu'en lui donnant dans une juste proportion la jouissance de ses droits, dans la sphère des intérêts sociaux, la Société des Prévoyants donne une poussée formidable à la question civilisatrice.

L'idée seule, admise au groupement de tous les hommes, spontanément et sans y être contraints, est la plus sûre des garanties des progrès civilisateurs.

L'individu en se civilisant, s'améliore.

Son cerveau s'élargit en pensées fécondes.

Son cœur a des pulsations pour la foi, l'amour et la justice.

Cet ébranlement, est le phénomène de l'intelligence, développée et soutenue par la raison qui domine son être; instinctivement, il regrette l'erreur; il acquiert des connaissances qui l'éloignent de la naïveté; parce qu'il cherche et qu'il découvre des vérités qui le mettent dans la nécessité d'en découvrir d'autres.

Comme ses besoins sont infinis, il ne voit plus de limites dans le domaine de la science qui lui-même est infini, mais quelque soit le labyrinthe, il ne se perdra pas, parce qu'il tient le fil des justes idées de liberté qu'il vulgarisera pour faire passer ses théories dans les faits, au profit de la civilisation.

Pour la Société, le progrès civilisateur de tous les individus réunis, forment un entier : « La civilisation », qui, à l'aide de la science, détermine les bases de la condition sociale en fortifiant toutes les artères de la nation par le bien-être général, et qui devient plus grand à mesure que la science s'élève.

Les institutions nouvelles sont plus douces.

Les lois plus justes.

Les mœurs plus réglées.

Enfin l'action publique plus éclatante.

Tous les élémens qui empêchent la civilisation s'éteignent faute d'aliments et disparaissent par la force du progrès.

L'obscurantisme n'ayant plus de défenseurs, n'existe qu'à l'état de souvenir, comme pour indiquer les étapes d'affranchissement.

L'ignorance est vaincue, et la misère se modifie.

Le niveau intellectuel plane au-dessus des actions viles et basses.

Les peuples se rapprochent, réconciliés sous la force de nouvelles croyances; et cette espérance de fraternité règle leurs rapports généraux, leur assure leurs traités d'alliance, en les unissant par des liens généreux.

Les rivalités s'effacent pour se remplacer par la plus grande fédération, celle de tous les peuples, ainsi que le veut la civilisation.

Il y a environ dix-huit mois, quelques personnes étaient réunies chez l'auteur, et l'une d'elles, *affligée* d'une fortune considérable, prétendait que s'occuper des prévoyants était un travail inutile, attendu que l'enthousiasme du moment n'était qu'illusoire, parce que l'ouvrier était réfractaire au système économique et qu'il préférait les grèves à l'épargne, les révolutions à la prévoyance, les soulèvements à l'économie, les désordres à la question sociale.

Les amis qui se trouvaient présents lui donnaient raison.

Nous leur répondîmes ceci:

« Les circonstances vous ont amenés à la possession et à la jouissance d'une fortune que les ouvriers n'ont pas; vous mettriez-vous des prévoyants si vous aviez leur sort?

— Oui, répondirent-ils.

« Eh bien, si vous, avec votre instruction, votre éducation, votre fortune, vous accueillez le principe, pourquoi ne pas admettre que les ouvriers ouvriront comme vous les yeux à la lumière ?

« Il suffit de les éclairer, il est de votre intérêt de le faire; vous craignez les grèves qui atteignent votre fortune, vous avez peur des révolutions, vous n'aimez assurément pas les soulèvements, les désordres parce que vous avez tout à perdre, et que vous vous sentez impuissants à combattre; vous n'écoutez pas les revendications ouvrières, vous n'y faites droit qu'en les écartant par la force.

« Vous tremblez toujours, votre tranquillité n'étant pas assurée.

« Laissons de côté vos sentiments, pour nous occuper seulement de votre intérêt.

« Vous conviendrez que c'est de toutes vos forces que vous devez soutenir cette admirable association, car elle est la sauvegarde des fléaux signalés.

« Vous assurez le calme à votre vie en vous assurant la sécurité de vos millions.

« Vous devez prendre place à ce nouveau foyer plein de chaleur qui réchauffera votre cœur, car vous entrez dans une famille où les castes, de nom et de fortune, n'entrent pour aucun compte.

« Les ouvriers sont réfractaires, c'est malheureu-ement trop vrai.

« Tous auraient dû comprendre cette Société, pécialement créée pour eux, puisque les fonda-eurs, des ouvriers de la première heure, étaient récisément des travailleurs qui peinaient, qui uttaient, comme ils peinent, comme ils luttent ncore.

« En établissant cette brillante unité, dans tous les rapports de la vie, ils se sont émancipés, ils ont fait œuvre de législateurs; ils possédaient une profondeur de vue que leurs yeux n'ont pu voir, mais que leur cœur et leur cerveau devinaient.

« Ils ont compris qu'après la liberté acquise par leurs pères, il y a un siècle, ils devaient apporter cent ans après, comme pour fêter le centenaire, cette égalité qui, par leur création, n'est pas un mot vide de sens.

« Le courant les emporte au-delà de leurs espé-rances, ils ont besoin d'aides, de collaborateurs.

« C'est à vous, les fortunés, les instruits, à les assister tout au moins moralement.

« Adhérez à leurs statuts, soyez de leur famille, vous ne dérogerez pas.

C'est la famille humaine grande et forte.

Toutes vos craintes se dissiperont, car cet élément qui vous fait peur deviendra l'élément fraternel.

« Si vous ne le faites pas avec sincérité, faites-le par politique; qui sait, plus tard, vous en aurez besoin, peut-être; ce sera du temps gagné ».

Et le millionnaire signa.

Et les autres aussi, en leur rendant cette justice, qu'ils adhérèrent en hommes qui mettent l'humanité au-dessus de tout préjugé, et, chose remarquable, de temps à autres, un ouvrier vient en leur nom se faire inscrire à la Société.

N'est-ce pas une belle démocratie, que celle qui pénètre dans les classes de la bourgeoisie ou de l'aristocratie, qui d'elles-mêmes viennent se joindre à un mouvement social aussi considérable?

« Cette ère nouvelle », dont signalait à la naissance de cette association le premier discours, est le prélude d'une Société nouvelle.

On ne pourra lui imposer de digues assez puissantes.

Ce qui paraît encore aujourd'hui une utopie, deviendra demain une réalité!

POÉSIES

A L'OCCASION DE

DIVERSES SOLENNITÉS

DE LA SOCIÉTÉ

DES

PRÉVOYANTS DE L'AVENIR

A BLANCHON

A BLANCHON

POUR SON TABLEAU

DES

PRÉVOYANTS DE L'AVENIR

Oui, Maître, c'est pour toi que tressaille ma lyre,
Et que vibrent les sons de sa corde en délire,
Pour te faire oublier les tourments d'ici-bas,
Où le moral jamais ne se retrempe pas.
Mais il renaît toujours à la Philosophie.
Là, l'âme se recueille, et là, se fortifie.
Les mystères de l'art sont pour les travailleurs.
Si la lutte est pénible, elle impose aux railleurs
Le Beau, le Vrai, le Grand, ce qui fait le Génie,
Et courbe devant soi l'outrage et l'ironie.

La flamme a remplacé le brutal désespoir,
Et le cerveau plus libre acquiert un autre espoir.
On a dans l'avenir beaucoup plus de croyance.
Une voix intérieure apporte confiance.

La pensée est venue et rend l'esprit fécond.
Le doute est loin .. et l'art, comme un écho, répond :
Poursuis ta route... vas... comme un vaillant athlète
A la lutte... sans trève.., et ton âme inquiète,
Oubliant les revers... ravivant la beauté,
Conduira ton labeur à l'immortalité.

. . . .

. . . .

Sous ton pinceau sincère est sorti le chef-d'œuvre.
Et... tu fus éclairé, quand te mettant à l'œuvre,
Ta main habile et juste, assurant le succès,
Sut au progrès de l'art donner un large accès.

. . . .

Ce n'est pas la Vénus antique et solennelle
Levant en l'air le pied comme un polichinelle.
Ce n'est, non plus, la femme, au bloc de l'Institut,
La froide nudité qui sert pour l'attribut.

Oh ! non, mais c'est l'éclair d'une vive étincelle
D'espérance et de foi qui, dans notre âme, excelle,
C'est ce mot : « TOUT PAR TOUS ET POUR TOUS », grand et beau
Qui s'étend sur la France, en sera le flambeau.
C'est le peuple vainqueur de l'horrible mégère
Qui depuis des mille ans, funèbre messagère,
Courbe l'humanité, par ses lois, à son jeu ;
Apportant chaque jour son formidable enjeu
De peines et d'ennuis, de douleur et de honte,
Et de froid et de faim, voulant toujours son compte.
C'est, lugubre compagne en nos malheureux jours,
La misère aux longs bras qui nous frappait toujours.

Frère, tu l'as compris, ton tableau, c'est notre œuvre !
C'est l'ouvrier viril, c'est le dernier manœuvre,
En solidarisant l'idée à l'action
Qui sans arme et sans feu fait révolution.
Révolution... mot... terrible et sanguinaire,
Qu'aujourd'hui nous fêtons en joyeux centenaire.
Faut-il la rappeler, pour être Prévoyants,
Et ne pas revenir aux passés effrayants !

Asservi par les grands, jadis le peuple esclave
Offrait à son maître... et ses mains à l'entrave
Et son col au carcan. Vil, honni, méprisé,
Etait toujours coupable et toujours accusé,
Pendu pour un lapin qui se prenait en fraude,
Bâtonné des valets, quand surpris en maraude
Dans les bois du comté. Le seigneur, sans pitié,
Prouvait à son féal qu'ils n'étaient de moitié.
Aussi, le jugement pris séance tenante,
A la plus haute branche était loi dominante.
La gabelle et le fisc, la corvée à merci,
Établissaient leurs droits, et le jambage aussi.

Et le peuple était moins que la bête de somme,
Le mouton d'un troupeau, qu'on tond et qu'on assomme.
Suivant le bon plaisir ou le goût d'un baron,
Ou d'un comte, ou d'un duc, possesseur d'un fleuron.
. . . .
Et les siècles passaient sur notre pauvre France,
Et le peuple épuisé mourait par la souffrance.
. . . .
Un jour vint, cependant, où la nature en deuil
Sembla fournir au monde un immense cercueil.
Le ciel teinté de sang, reflétait sur la terre
Les victimes du joug de peine et de misère.
. . . .
. . . .
Comme le flot brutal d'une mer en fureur,
Le peuple, en son élan, apporta la terreur.
. . . .
La vengeance éclatait étrange et menaçante.
La mort était partout... Sa face grimaçante
Donnait à cet enfer un éternel émoi,
Et dont le souvenir en rappelle l'effroi.
Les comptes se payaient... et la somme était grosse,
Puisque pour l'acquitter, il fallut une fosse
A la taille qu'alors avait la royauté,
Pour conquérir entiers les droits de liberté.
Il était las, ce peuple, assez las de souffrance.
Dans ce suprême effort, il fit sa délivrance;

Et les siècles acquis d'inféodation
Trouvèrent un tombeau... la Révolution.

. . . .

Alors que le vieux monde ébranlé sur sa base,
En fragments se disperse et lourdement s'écrase...

C'étaient là des héros, et c'étaient nos aïeux.
Et nous qui connaissons leurs exploits glorieux,
Nous devons être fiers, et de ce que nous sommes,
Et de ce qu'ils ont fait, puisqu'ils ont fait des hommes.

Des hommes... les voici, d'énergiques penseurs,
Des émules de paix. Les dignes successeurs
De nos pères, prêchant, de leur parole amie
Et la concorde et l'ordre, au mot : Économie.

. . . .

(Unis sous ton pinceau, comme en un rendez-vous,
Émergeant de la toile, on les reconnaît tous.) ,

. . . .

C'est Chatelus, d'abord, apportant son idée,
Grande et surtout si vraie, heureuse et fécondée,
C'est bien lui, le vaillant, le forcené lutteur,
Mais qui de la matière en sera le dompteur.
Doctrinaire ennemi du honteux despotisme,
Le vainqueur assuré du réel paupérisme.
Persuasif prophète, il fait passer sa foi
A tous ses compagnons. Il les tient en émoi.
Sous sa conviction chacun devient apôtre
Comme tu l'as été, par ton tableau... le nôtre.
C'est Dugas l'éloquent, l'éclatant orateur
De la Société, Dugas, c'est l'enchanteur
Qui brûle sur l'autel et l'encens et la myrrhe
Et donne aux Prévoyants un socle de porphyre;
C'est Soldini, Roger, Abraham se baissant
Vers un de ses amis; Potron, applaudissant;
Buhl grave et sérieux, Petitjean, Delavande,
Le poète sincère, ami de la légende;
Geoffroy persuadé que le système est bon;
Thibaut se démenant comme sur un charbon

Pour signer le traité; Rasquin et Cadaugade
Criant : «Serrons-nous ferme et pas de débandade!»
Sangouard, Hos, Perrot, puis Mercuriall,
Ce Prévoyant si doux, au langage poli.
Simonin et Ricou, Rabeuf et Desruelles
Disant à leurs voisins: «Oui, prenons nos truelles,
Gâchons ferme et serré, l'édifice construit
De granit, de ciment ne peut être détruit!»
Et Réjus et Michel, Pannetrat puis Desormes;
Ils sont là les plus purs Prévoyants dans les formes.
Pichon, puis Ménigault, Oh!, Trudelle et Morgan,
Qui bravent en ce jour la foudre et l'ouragan.
Puis l'aimé Rémérand qui porta haut l'emblème,
Le président futur de notre dix-septième.
Cordova, Ménigault, Seguin, Denis Vallet
Qui se disent entre eux; «Nous serons au complet
Dans vingt-cinq ans d'ici.» Merlet est dans un groupe,
Au centre d'ouvriers, Penin est presque en croupe.
Pour entendre Dugas qui prêche un ouvrier.
Giobbé, Labarrière, Henry, Menestrier
Sont toujours dévoués et sont toujours des nôtres.
Puis Quillet, Schnebelln, Bour, Goupil et tant d'autres
Dont les noms sont inscrits en majuscules d'or,
Au fronton des statuts, comme un brillant décor.

Tous, sont des Prévoyants et de la première heure,
Partisans résolus d'une règle meilleure.
Car ils ont dit: Un franc par mois pendant vingt ans
Soulageront dès lors la vieillesse des gens.

C'était l'œuf de Colomb, il fallait le connaître,
Et ce fut un principe, et nous le vîmes naître,
Formant la tache d'huile, étendant son contour
Aux confins de la France, en opérant le tour.

Et le progrès répond : Question sociale.
Ce problème brûlant... cette œuvre initiale
Inconnue à ce jour... commence à se graver
Dans le cœur des Français. Et nous pourrons lever
Notre étendard nouveau, nous appelant tous frères,
Si jamais il nous faut défendre nos frontières.

15.

Puis, phalange éclatante à la fondation,
Soleils si radieux de l'institution,
Sœurs de la charité, modestes héroïnes,
Grandes comme le monde, auréoles divines,
Ici, je vous salue, et mon respect est mu
Devant votre passage. Et je m'incline ému.
Oui, sœurs, je vous admire, oh! femmes clairvoyantes,
Vous sondez l'avenir, vous êtes Prévoyantes.
Vous apportez aussi, votre rôle sacré,
Faisant aux Prévoyants, un beau ciel azuré.
Oui, femmes, gloire à vous, dont l'âme est grande et belle.
Vous, Chatelus, Dugas, Henry Berthe, Hunebelle,
Bourassé, Colmache, Holtz, vaillantes aux débats,
Dont le cœur fraternel est de tous les combats.
Desormes, Buhl, Lemère, Hannequain, vous Guilleaume,
Vous Ledrux, vous Goubet, vous apportez le baume
A chacun d'entre nous, vous Bourson, vous Leroy,
Vous Perrot, Petitjean, qui possédez la foi.
Et Céline Carron et sa sœur Marguerite,
Vous Pannetrat, Luzu, Michel, classe d'élite,
Je vous salue encor, vous êtes la raison
Pour les siècles futurs, comme est un horizon.
Vous ouvrez aux humains une ère fraternelle.
Vos enfants béniront votre âme maternelle.
Vos noms seront gravés dans le cœur des Français,
Et vos actes d'amour ne s'oublieront jamais.

Paris, 18 août 1889.

A CHATELUS

A CHATELUS

LE CENTENAIRE

ET

LES PRÉVOYANTS

LE CENTENAIRE

INVOCATION

Oh ! peuple travailleur, renonce à tes faux dieux,
De leurs tombeaux sacrés, fais sortir tes aïeux,
Qu'ils te montrent du doigt les époques sanglantes
Que nous donne l'histoire en ses pages troublantes.

Ecoute, apprends et juge avec calme et sang-froid,
Car ils te montreront ton devoir et ton droit.

Si la ride est venue à leur haut front austère,
Si leur sang, goutte à goutte, a fécondé la terre,
Si leur mort a laissé le germe fraternel
C'est pour édifier un exemple éternel,
La lueur d'espérance en des instants suprêmes,
Et la fin des grands maux, des cris et des blasphèmes.

Levés dans leurs linceuls, ils te diront : Enfants,
Ne chantez plus gaiment nos exploits triomphants.
Nous étions asservis par une injuste cause,
Car les siècles passés, par une infâme clause,
Nous livraient aux loisirs des seigneurs et des grands,
Comme un jouet frivole aux bons ou mauvais temps.

La nature éplorée oubliait l'existence
De tous ses rejetons... Telle était la sentence
Appliquée à notre être... On était des maudits
Sur la terre jetés, gardés par des bandits.

Tout était contre nous, nous avions l'ignorance,
Parias... on vivait sans aucune espérance,
Et sur ce sol gercé, sous notre pas béant,
Le gouffre s'entr'ouvrait pour montrer le néant.
Jusqu'à l'air imprégné de cette époque basse,
La pensée était vide et vide était l'espace.

La science, inconnue à nos efforts humains,
Faisait ombre et mystère à tous nos lendemains.

Le jour était la nuit et la nuit était sombre,
On ne pouvait compter combien était le nombre
Des damnés se mouvant dans cet horrible enfer,
Et qui lançaient au ciel un cri plaintif, amer.

La gloire sans progrès, où seule était l'épée,
Aux despotes donnait une sombre épopée.
Leurs cœurs étaient muets dessous leurs pourpoints d'or.
Leurs habits chamarrés en étaient le décor.
Et tout leur sang figé, pour soulager leurs proies,
Redevenait liquide aux plaisirs, à leurs joies.

Le peuple, humble et petit, n'avait d'autre horizon
Qu'à vieillir sous le toit de la pauvre maison
Où les siens étaient nés... Il vivait misérable,
En victime et martyr du sort inexorable.

Rivé par le boulet, ce n'était qu'un bétail
Qu'on livre en une foire et qu'on mène au travail.

En ce temps-là, la vie était moins qu'un problème,
Où peines et douleurs seules étaient l'emblème.

Esclave était le père, esclave était le fils.
A la glèbe tous deux... sous le joug de jadis.

Et le frein se rongeait. . . . .
. . . . Mais le flot de la haine,
Amassé par le temps, un matin se déchaîne,
Emportant dans son cours l'empire débordé,
Fait du manteau royal un haillon démodé.

Si nous avons vaincu dans ce jour de tempête,
Si de la liberté nous avons fait conquête,
C'est qu'il fallait pour nous, ou d'un seul coup, périr,
Ou rompre tous les fers . . . .
. . . . Vivre libre ou mourir.

Oh! peuple, tes faux dieux, brise-les dans leur temple,
Et que sur leurs autels l'avenir te contemple.
Qu'à ton tour, tes enfants et les enfants des tiens
Gardent le souvenir de ses meilleurs soutiens.

Repousse loin de toi ces conseilleurs stupides
Qui viennent t'encenser pour leurs désirs cupides,
Et n'ont de retenue, aux malheurs, aux revers,
Qu'en répandant leur fiel ou leurs encens pervers

Tourmentés par l'envie, oracles d'hyperbole,
Descendants de Caïn, leur voix est le symbole
Du mensonge incarné.. Les tigres altérés
Sont moins durs, moins cruels au sortir des fourrés,
Quand poussés par la faim... car parfois on les dompte,
Ceux-là, l'âme est de boue et l'honneur est de honte,
Donnant un contre-sens à leurs serments nouveaux
Et montant sur l'estrade, où par monts et par vaux,
Vont prêcher la concorde en ourdissant la guerre.

Et tels ainsi faisaient tous nos seigneurs, naguère.

Ton devoir, le labeur. L'homme doit travailler,
Pour apporter sa part de bonheur au foyer

Où l'attendent le rire et le bras qui l'enserre
Pour frotter son nez rose à la barbe du père.
Quand la femme à son tour, vierge de tout affront,
Aux lèvres de l'époux vient présenter son front.

Mais le rêve d'amour, c'est la mère patrie,
L'objet persévérant de ton idolâtrie.

Apporte-lui ton âme. Apporte-lui ton cœur,
Tes tendresses de fils, ta force, ta valeur.

Et comme citoyen, dans un jour de souffrance,
Tu te dois au pays. Tu te dois à la France.

Ton droit C'est un principe. Une place au soleil.
Etre libre au coucher. Etre libre au réveil.
Qu'il pleuve ou qu'il vente, ou qu'il fasse tempête
Il te faut un abri pour reposer ta tête,
Respirer librement l'air embaumé des nuits,
Les parfums du matin, écouter tous les bruits
Qu'ils viennent de partout et qu'un zéphir dévoile,
Méditer sous le ciel où se trouve l'étoile
Comme un beau clou d'argent sur ce grand plafond bleu
Ou rêver à l'amour consumé par son feu...

C'est ton droit absolu... Mais il est autre chose
Pour mener à sa fin l'œuvre en sa noble cause.

Il faut garder ton sol, aimer l'humanité,
Et conserver intacts tes chants de liberté.

LES PRÉVOYANTS

Amis, la liberté conquise par nos pères
Nous a laissés depuis des moments plus prospères.
Ils n'avaient que le fer pour défendre leurs jours
Ils ont livré leur sang... Comme eux, ayons toujours
Cette mâle énergie issue à notre race;
Soyons leurs successeurs pour en laisser la trace.

Le progrès à grand pas déborde en un torrent
Sur la digue impuissante, et passe indiférent.
Et de même, emportés dans notre étroite sphère,
Il nous faut respirer dans une autre atmosphère.

Il ne faut que s'entendre et vouloir à la fois,
En laissant de côté l'orgueil qu'on a parfois,

Pour atteindre le but, car il faut qu'on moissonne
Du bien-être pour tous, ou sinon pour personne.

Le passé plein d'erreurs fait place à la raison.
C'est un nouveau printemps dans une autre saison.
Et nos cœurs rajeunis révèlent à notre âme
Les horizons plus purs d'une nouvelle flamme.

Oui, le mal peut cesser, si d'un commun accord
Chacun apporte à l'œuvre un devoir libre et fort.

Prenons-nous par la main et formons une chaîne
Dont les anneaux sans fin, dans une ère prochaine,
Scelleront les bienfaits de la fraternité
En donnant le niveau de notre égalité.

L'homme seul, qu'est-il donc ? Un atôme en l'espace,
Un lutteur attristé qui s'énerve et se lasse
Quand le chômage arrive... Et l'espoir est perdu
S'il ne retrouve pas le travail attendu.

C'est un désespéré qui s'adonne à l'ivresse
Pour apporter l'oubli des moments de détresse.
Sans soutien, sans conseil... Il se livre à son sort.
La lutte le fatigue... Il en reste à l'effort.

L'atelier déserté, son outil inutile
Est jeté dans un coin comme un objet futile.

. . . .

Parfois, l'esprit revient à son front assombri,
Il songe alors, plaintif, qu'il n'aura plus d'abri.
Que feront ses enfants ? Que deviendra sa femme ?
Et lui... que fera-t-il ? L'homme se donne un blâme
De manquer de moyens pour ne trouver du pain
Quand disent les petits : . . . .
. . . . Papa... nous avons faim.

« Tout par tous et pour tous ». Telle est notre devise,
C'est l'appel au drapeau... C'est là le but qu'on vise.
Réunir tout un peuple, à s'aimer, à s'unir,
Pour conquérir ses droits et ceux de l'avenir.

Tout est grand dans l'idée, et l'idée est féconde,
Elle envahit le cœur et l'esprit nous inonde ;
C'est un éclair d'espoir pour les déshérités
Et c'est l'essence extraite à nos sens révoltés.

Lutter, lutter sans cesse, et pour tous ceux qu'on aime ;
Lutter, lutter encor, que ce soit pour vous-même.
La lutte pour la vie, attisant le combat,
Donne à l'humanité la force du débat.
Mais ce n'est ni le fer, ni le feu, ni la balle,
Ni le coursier fougueux qui piaffe et s'emballe,
Qui doit entrer en ligne... A vaincre les besoins...
C'est l'austère vertu nous prodiguant ses soins,
C'est l'éducation et morale et civique,
C'est faire des Français un peuple économique.
C'est l'épargne versée en un trésor nouveau.
C'est l'honneur à servir sous les plis du drapeau.

Le peuple intéressé par ses masses compactes,
Doit satisfaire à l'œuvre et soutenir ses actes,
Car il ne peut songer sans un mortel frisson,
Des choses du passé la funeste leçon.

Et l'homme, par l'effort de son intelligence,
Doit réprimer l'erreur en fait de négligence,
Il doit harmoniser le travail à l'honneur,
Ou qu'il soit à la forge, ou bien qu'il soit mineur,
Tous les deux, par l'effet d'une même odyssée,
Possèdent la même âme et la même pensée.

« Le bien-être pour lui, le bonheur pour les siens. »

Et raisonnent ainsi tous les logiciens.

L'œuvre des Prévoyants est noble et salutaire,
Son résultat pratique est tout humanitaire.
Elle forme la base au niveau social,
Elle attire en son sein tout être impartial.

Dans ce siècle d'argent, ou règne l'hérésie,
Ou la rage de l'or est dans sa frénésie ;
Elle doit rapprocher, par son esprit parfait,
Ceux qui sont divisés pour un moindre forfait.

Et cet or, qu'on jalouse et qui pousse à la haine,
Sera l'agent certain d'une union prochaine.

Autour de ses statuts, qui sont communes lois,
Nous devons nous grouper, car c'est le porte-voix
De la philantropie. . . . .
. . . . Il faut qu'on les protège
Pour éviter qu'un jour une main sacrilège,
En voulant trop bien faire, y produise le mal
Et ruine l'harmonie en son état normal.
C'est un traité signé qui n'est pas révocable,
Et trancher un seul mot... C'est se rendre coupable.

Créer, c'est un devoir... Mais non pas désunir
L'édifice bâti pour le siècle à venir.

Les prévoyants sont forts.., ils ont admis la femme,
Cette compagne chère, à nos sens, à notre âme.
C'est reconnaître un droit qu'elle apporte en naissant,

Mais qu'un vain préjugé, ridicule, offensant,
Ne veut lui concéder. . . . .
. . . . C'est la sottise humaine,
. . . .
Puisqu'elle règne aimée et... qu'aimée elle est reine.

Le physiologiste affirme en son fatras
Que la femme nous dit : « Je plie et ne romps pas. »

Mais la femme répond : « Si nous sommes frivoles,
C'est qu'à nos actions vous êtes bénévoles
Quand parfois il s'agit de l'humble charité,
Nous poussons le devoir à la témérité.

Par l'éducation on nous fait puritaines,
Mais instruisez-nous donc. . . . .
. . . . Faites-nous citoyennes,
Nous serons près de vous aux terribles moments,
Heureuses à souffrir, vos douleurs, vos tourments.
Soumises aux devoirs, et d'épouses et de mère,
Nous ne trouverons plus notre existence amère.

Nos civiques vertus, notre moralité,
Couronneront alors la solidarité.
Nos enfants, dont l'esprit nourri par des modèles,
A notre humanité seront toujours fidèles.
Et nous aurons plus fait pour le bonheur de tous
Que toute théorie écrite contre nous. »

Vous tous, les travailleurs laborieux des villes,
Vous, laboureurs des champs et des plaines stériles,
Vous, humbles ouvriers de ce vaste séjour,
Vous enfin, les petits, vivant au jour le jour,
Qui frisez la misère et grouillez dans la gêne,
Venez... formons un tout... comme un corps homogène.

Et bientôt vous direz, sans plus vous émouvoir :   .
« J'aurai le nécessaire en faisant mon devoir. »

Car bientôt vous aurez, et la meilleure place,
Et vous ne serez plus la vile populace.

Puis le germe fécond de la fraternité
Etendra son drapeau sur notre liberté.

Paris, 15 novembre 1889.

A DESORMES

1901

—

LA GRÈVE

ET LES

PRÉVOYANTS DE L'AVENIR

A DESORMES

Il est des jours de peine et des jours de misère,
Aux pauvres travailleurs sans secours et sans pain ;
Ils maudissent le sort d'une existence amère
Car ils ont, chaque soir, la peur du lendemain.

Le travail a manqué, les longs mois de chômage
Sont venus, lâchement, surprendre l'ouvrier,
Comme fait le vautour au répugnant plumage
Lorsqu'il s'abat soudain au milieu d'un charnier...

Plus rien... plus de chez soi... Le linge nécessaire
Manque pour se vêtir... Le Mont-de-Piété,
L'hydre à la grande gueule, et le propriétaire,
Depuis, ont tout saisi... C'est la moralité.

Oh! quel triste tableau!... D'abord, l'homme au front chauve,
Haineux, vindicatif, vieux lutteur révolté,
Comme un fou dans sa chambre, ainsi que fait le fauve,
S'agite en tous les sens, le sourcil contracté.

Il a dans sa colère, après tous les blasphèmes,
De ses nerveuses mains, saccagé le logis,
Prenant pour se venger tous les moyens extrêmes;
Brûlant, cassant, brisant tous les objets chéris.

La femme, la mignonne, assise en un coin sombre,
Tient dans ses maigres doigts un vieux mouchoir usé,
En essuyant les pleurs qu'elle répand dans l'ombre...
Regardant tristement le mobilier brisé,
Anxieuse, attentive, elle prie, elle implore
Son Jean... son pauvre Jean... lui si bon... lui si doux
D'ordinaire!... «Est-ce toi... toi, celui que j'adore,
'Qui viens d'anéantir, ce qui restait chez nous?...»

Lui, lançait au hasard sa verve courroucée;
Il voulait la vengeance et crachait son mépris.
Menaçant de son poing, dans sa haine insensée,
Les bourgeois, les patrons. Il disait: «C'est compris
Je serai de la grève... Ils verront qui nous sommes...
Ces maudits exploiteurs... Notre tour est venu
De montrer aux brigands ce que c'est que des hommes
Qui luttent pour la vie!... Oh! c'est bien convenu,
Il faut à tous du pain... Les huches seront pleines,
Nous le voulons ainsi... Vous entendez, milords?
Vous aussi, subirez nos tourments et nos peines,
Et vos cœurs avilis connaîtront le remords.
Oui, nous vous briserons.. comme il est de ce vase,
Dont les débris iront joncher les alentours... »

Terrible en sa révolte, il piétine, il écrase
Le bouquet virginal des premières amours.

Et comme un fier Titan, aux robustes épaules,
Prêt à se mettre en lutte avec l'Humanité,
De la Terre il semblait vouloir prendre un des pôles
Pour mieux la retourner dans son immensité.

Mais, la femme est debout, et, petite de taille,
Domine le géant par son air transporté;
Elle veut à son tour entrer dans la bataille
Et se met devant lui, comme un défi jeté:

« Ah! je n'aurais pas cru que tu fusses si lâche!...
Que t'avait-il donc fait, ce bouquet d'oranger,
Pour le traiter ainsi? C'est une noble tâche
Que tu viens d'accomplir!... Tu parles de venger
La justice!... Es-tu fou? toi, qui brises ma vie...
Mes souvenirs... mon cœur... notre passé d'amour...
Nos vingt-cinq ans de lutte, et la joie, et l'envie
De vivre heureux ensemble, ainsi qu'au premier jour!
Je te l'avais bien dit: les gens que tu fréquentes,
Depuis bientôt un an, connaissent ton esprit
Mobile et trop léger. Qui sont ceux que tu hantes?
Des mécontents de tout... Ces hommes t'ont séduit;
Le cabaret leur plaît, l'atelier les dégoûte,
Ils t'ont accaparé; je ne t'ai plus à moi.
L'argent que nous avions a suivi cette route...
Il ne reste en ton cœur, ni sentiment, ni foi!... »

Et l'homme, le géant, courbant son front d'athlète,
Sous le regard de Jeanne a reculé d'un pas:
« Mais nous avons des chefs, qui sont à notre tête...
— C'est bien cela, des chefs, quand vous ne voulez pas
De patrons!... Ces chefs, Jean, ne sont que des rebelles
Au bon sens, au travail. Ils feront des patrons
Plus durs et plus méchants dans leurs places nouvelles
Que ceux mis à l'index. Un tas de fanfarons
Qui cherchent à pêcher au fond des eaux troublées...
Rien ne peut enrayer leur folle ambition
Qu'attisent les erreurs trop souvent accouplées
Que l'on appelle Grève ou Révolution!...

— Mais il nous faut du pain, une chambre garnie,
Des vêtements, du linge, et le travail absent
N'a pas fait, je le crois, dit Jean plein d'ironie,
Le bonheur si parfait, puisque tout s'en ressent...

Mais demain, les secours envoyés d'Angleterre
Nous remettront à flot. Je suivrai les amis,
Je ferai mon devoir, comme je dois le faire...
Je serai de la Grève, et sus aux ennemis !...

— Des secours de l'Anglais, de l'Allemand, peut-être,
Répond la fière Jeanne en élevant la voix;
Ah! tu peux les garder... ou les rendre à ton maître,
L'Allemand ou l'Anglais, de qui tu les reçois !...
Le voilà donc enfin, ce beau patriotisme!
Recevoir de l'argent des pays étrangers...
Le voilà donc enfin, ce noble fanatisme
D'hommes libres! Eh! quoi, sans en voir les dangers,
Vous recevez cet or, ou plutôt cette aumône?
Acceptez donc leur livre et prenez leur florin,
Puisque le pain est bon quand Judas vous le donne,
Qu'il vienne d'outre-mer, ou même d'outre-Rhin...
C'est l'arme qu'il lui faut pour abattre la France
Et vous la lui tendez sans la moindre pudeur;
Aussi se moque-t-il de votre inconséquence,
Vous qui, sans le savoir, préparez son bonheur.
Vos ateliers fermés, il ouvre ses usines;
Ses métiers, nuit et jour, n'ont plus aucun repos;
Tout s'agite là-bas; les fourneaux et les mines,
Les canaux, les chantiers! Et vous, tristes suppôts
De ces meneurs suspects, regardez l'Angleterre
Charger ses gros vaisseaux de produits fabriqués;
Pendant que l'Allemand colporte sans mystère
Jusques en plein Paris ses objets étriqués.
Puis, la récolte faite, on laisse, on abandonne
Ces Français si légers, ce peuple généreux,
Ce concurrent naïf qui se prête ou se donne
Pour un morceau de pain : « Tiens, prends-le, malheureux. »
Et chez eux l'on en rit... Vos discours leur rapportent
Cent fois plus que le don fait pour vous embourber.
Soyez un peu moins fiers de l'argent qu'ils exportent,
Car vous n'aurez vaincu que pour mieux succomber!

— Mais qui donc t'inculqua cette ardeur héroïque
Pour raisonner ainsi? dit Jean, dans l'embarras,
Je ne te savais pas si forte en politique...

— Depuis longtemps je compte, et tu ne comptais pas.
Ma théorie est simple: avec économie,
Sou par sou, franc par mois, et ce, pendant vingt ans,
J'ai mis en notre nom dans une caisse amie
Tout notre superflu. — Nous sommes Prévoyants ?
Cria Jean tout surpris, alors, plus de misère !

— Oui, fit Jeanne, d'un ton protecteur et malin,
Lorsque l'on fait la grève, il faut savoir la faire
En sachant se passer de Londres, de Berlin.
De notre prévoyance a jailli l'étincelle
Qui dirige nos pas sondant l'Immensité,
Car chaque jour apporte une clarté nouvelle,
Au grand profit de tous et de l'Humanité.
Nous combattons ainsi l'Erreur et l'Ignorance,
Assurant à chacun le pain du lendemain :
Tout par tous et pour tous, nous voulons que la France,
Fidèle à son drapeau, ne tende pas la main... »

L'homme courbant son torse à la charpente osseuse,
Prit Jeanne dans ses bras, l'élevant jusqu'à lui :
« O ma Jeanne chérie, épouse vertueuse,
Dit-il en l'embrassant, pardonnez aujourd'hui. »

— Oui, je pardonne, Jean, mais ne fais plus de grève
Et n'écoute jamais le discoureur bruyant .. »
A quoi Jean répondit : « Non, ce n'est point un rêve,
Il est doux de s'aimer, quand on est Prévoyant. »

                              1ᵉʳ décembre 90.

A DUGAS

16.

A DUGAS

LES
PRÉVOYANTS DE L'AVENIR

CHANSON

Nous ne voulons plus de souffrance
Frères creusons bas nos sillons.
Sur le beau sol de notre France
Qu'il ne reste plus de haillons.
Chasser un fléau qui dévore,
Dont les effets sont effrayants,
C'est un nouveau lever d'aurore,
C'est le rêve des Prévoyants.

Refrain.

Amis, ce chant c'est l'espérance,
Pour nos vieux ans qui vont venir,
C'est le chant de persévérance
Des Prévoyants de l'Avenir.

Nous voulons le bonheur sans voiles,
Nous bannissons la pauvreté.
Sous notre grand ciel plein d'étoiles
Nous recherchons l'égalité.
Des Prévoyants, l'astre qui brille
A l'horizon porte l'éclair,
C'est la grande et sainte famille
Dont l'heureux chant sillonne l'air.

Au refrain.

Nous aimons tous notre patrie,
Et nous aimons la liberté.
Aussi dans notre idolâtrie
Nous confondons l'humanité.
Puisque le bonheur nous convie
Dans ce moment tout solennel,
Au joyeux banquet de la vie,
Nous voulons un chant fraternel.

Au refrain

Chez nous, la porte est grande ouverte
Ainsi qu'un soleil réchauffant
La prévoyance crie : Alerte!
A l'homme, à la femme, à l'enfant.
Venez, nous formerons la chaîne
En nous tenant tous par la main,
Dans une ronde à perdre haleine
Nous chanterons ce doux refrain.

Refrain.

Amis, ce chant c'est l'espérance,
Pour nos vieux ans qui vont venir,
C'est le chant de persévérance
Des Prévoyants de l'Avenir.

3 décembre 90.

AUX PRÉVOYANTS DE LA 17ᴹᴱ SECTION

AUX PRÉVOYANTS DE LA 17ᵐᵉ SECTION

Fête de la 17ᵐᵉ Section

LES PRÉVOYANTS

Chœur par la Société orphéonique parisienne

LE 14 JUIN 1891

CHŒUR

Beau sol de notre France, ô pays des Héros.
Terre de nos aïeux, terre des épopées,
Nous voulons le bonheur en disant aux épées :
Sommeillez pour toujours, dans la gaîne, au repos.

Au grand nom de la prévoyance
Foyer de chaleur, de clarté,
Nous réchauffons notre vaillance
Pour obtenir l'égalité.
La haine aux gigantesques luttes
Par nos principes immortels
Tombera de chutes en chutes
Aux pieds de nos vaillants autels.

A l'horizon vermeil
Il ne faut plus d'orage,
Plus d'ombre à ton soleil
Au bord de ton rivage,
Le travail, le devoir
Pour ma douce patrie,
Et l'amour et l'espoir
A ma France chérie.

Dans le cœur des Français,
Las de toute ignorance,
L'ère de l'espérance,
De concorde et de paix,
Qu'une brise d'amour
Se lève généreuse
Sur la plaine orageuse
Du fraternel séjour.

Debout, vaillants, tenons haut le flambeau
Qui doit rayonner sur le monde,
Et que sa flamme nous inonde
Pour écraser le plus cruel fléau.
Pour la Patrie et pour l'humanité
Les Prévoyants de notre France
Sont unis contre la souffrance
Sous le drapeau de la fraternité.

1ᵉʳ juin 1891.

TABLE DES MATIÈRES

POÉSIES

Imprimerie CHATELUS, rue des Forges, 6, Paris.